It ain't over 'til it's over.

まだすべてが終わったわけじゃない

はじめに　～これからの課長に求められるのはＭＢＡ的発想だ～……4

第1章「MBA的思考術」
1　成功するため、楽しく生きるためには、頭を使って考える……16
2　ややこしい問題は〝バラバラ分解〟で解決する……27
3　隙間時間を活用して残業を50％カットする……37
4　ＭＢＡ流 新しいアイデアの生産戦術……48
5　英語は日本人発想そのものを破壊しないと身につかない……58
6　乱読こそが「使える考え方」の獲得術だ……68

第2章「MBA的課長術」
7　部下からの〝報連相〟は3つのポイントにまとめる……80
8　何でも時間をかければよいってわけじゃない……92
9　考えるときは手を動かせ／ホワイトボードを使おう……102
10　「言わない」のは「考えていない」のと同じ……112
11　ランチを何にするか決めるのも、考えるトレーニング……122
12　「ハーマンモデル」で仕事の役割を決める……131

第3章「MBA的自己研鑽術」
13 新聞を斜め読みして、切れ味鋭いロジックを鍛える……144
14 知識を意図的に芋づる式に増やす方法……156
15 テレビを見ながら仮定条件を批判する力を鍛える……166
16 家庭のバランスシートを作ると見えてくること……176
17 ウエートコントロールで損益管理の感覚を磨く……186
18 子供の教育は「強み」への投資だ……196

第4章「MBA的自己実現術」
19 MBA流自己紹介で自分自身をよく知ろう……208
20 〝あなたブランド〟をマネジメントしてみよう……217
21 今の仕事に不安を感じたときに考えるべきこと……227
22 大胆な転職をするには「ダウンサイド・リスクのヘッジ」が必要だ……237

あとがき ～本書を書くにあたって使ったMBA的発想～……247

はじめに

これからの課長に求められるのはＭＢＡ的発想だ

〝日本的課長〟には受難の時代がやってきた

これまでは、自分の課の仕事をきちんと管理していれば、課長としての役割を果たすことができた。ところが、時代は猛スピードで変わり、管理することしかできない課長はまっさきに早期退職のターゲットにされてしまう。運よく社内に残れたとしても、これまでまったく経験のない部署に課長として着任することになったり、ある日突然自分の会社が外資企業と合併し、上司が外国人になったりすることだって起こり得るシナリオだ。

いずれにせよ、悠長に仕事ができるような余裕はまったくなくなる。変化にすばやく対応して、すぐさま結果を出すことが求められるようになるのだ。転職して新たなチャレンジをしようと思った場合でも、「課長ができます」だけでは企業は見向きもしてくれない。普段からさらなるキャリアアップを目指すための自己投資が必要になってくる。

家庭生活でもするべきことは山積みだ。子供の教育、住環境の整備についても、変化の激しい時代にすばやく対応できる手をタイミングよく打てることが必要になってくる。

しかしながら、こんな課長像はどうにも特別な姿ではなさそうだ。各国でバリバリと働く〝世界標準の課長〟にとって、これは以前から当然のスタイルだった。着任してすぐに結果を出す。自分の専門分野でない領域でも付加価値をつける。ビジネスマンとしてのキャリアアップを実現するために、自己研鑽を積む。そしてハッピーな家庭生活と仕事を両立させる。

それにしても、一体何を実践したらそんなすごい課長になれるのか？　やはり海外で数年間経験を積むことが不可欠なのか。それとも人格者になるために山にこもって修行するべきなのか。あるいは速読や速聴の訓練を積んで、人並みはずれた能力を身につけるべきなのか。

いや、けっしてそんなに大げさなことではないはずだ。ちょっとした頭や体の使い方で、世界で通用する課長になることができる。これからの激動の時代を駆け抜ける、稼ぐ課長になることができるのだ。

課長に昇進したときのことを思い出してほしい。平社員時代に身を粉にして働いた努力がやっと花を開いて、あなたは輝かしい辞令を手にした。まわりから優秀と噂されながらも、長い長い下積み生活を経て、ようやく管理職の一人になった。人並み以上に業務はこなせる。個人の目標を達成できる力はある。そう、あなたは課長になれるだけの優秀なビジネスマンなのだ。だからこそ課長になれた。それだけの力を腐らせてしまうのはもったいない。ほんのちょっとした心がけや頭の使い方であなたの高い潜在能力が花を開くはずだ。

しかし、現実の厳しさはあなた自身がいちばんよく分かっている。できると評判だった平社員時代と比べると、生産性が明らかに低下している。そして、自分のまわりを見渡してみると、同じように毎日苦虫を噛み潰したような顔をしながら、人の話を理解しようともしない頑固な上司や、言うことを聞かない宇宙人のような部下の愚痴をこぼして生ビールをあおっている多くの課長仲間がいる。彼らと傷の舐めあいをしていると、ついほっとして、つまみをもう一品注文したい気分になる。ところがその一方で、社内には自分一人ではけっしてできないようなスケールの大きな仕事をいとも簡単にこなしている課長が……。

彼らはMBAなんぞを持っているらしい。そんなにMBAは偉いのかいと息巻きながらも、自分もやっぱり数年前に一念発起して留学しておけばよかったのかなあと軽く後悔したり、逆にMBAが何だかよく分からないだけに、不必要な劣等感を持ったり、理由もなく敵意を抱いたりしてはいないだろうか。

彼らは何がすごいのかよく分からない。自分の専門分野では負ける気がしないし、実際に仕事で対等にやりあえてはいる。ところが、やっぱりどこかでかなわない感じがしてしまう。

幅広い題材での議論になると彼らはめっぽう強い。また、ややこしい問題に直面したときに、彼らはサクサクと問題解決のゴールに向かって、まるでそれを楽しんでいるかのように突き進んでいく勇ましさがある。留学帰りというわりには、けっして流暢な英語をしゃべるわけではないが、外国人と話すとどうも自分よりも話がよく伝わっている。やっぱり何かが自分と違うことだけは確かなようだ。

ＭＢＡを持っている人材＝課長に適した人材というわけではない。しかしながら、やはり彼らに有利な一面があるのも事実だ。だがそれは、ＭＢＡで最新の経営学を学んできたからではない。理由は別のところにありそうだ。

ＭＢＡは最新の〝すごく難しい〟経営手法を学ぶプログラムだと思われている。しかし実際はまったくの反対で、経営に関する基本的な内容を勉強するプログラムだ。会計、財務、戦略、マーケティング、オペレーション、人事などなどの基礎的なコンセプトについて2年間かけてみっちり学ぶ。内容自体であれば、別に独学でできないこともないし、世の中には簡単な参考書があふれている。では、一体何が大変なのだろうか？

ＭＢＡがもたらしてくれる武器とは？

実は、２年間のＭＢＡ生活をサバイブするのは大変なことなのだ。正攻法でまともに一人でやり抜こうと思ったら、それこそ1日24時間あっても足りない。学校側は意図的に、真正直にやっていたら終わらない量の課題を要求するからだ。

例えば、ある学期に4科目履修しているとする。だいたい一科目当たりまるまる2日は予習と提出物の準備に時間がかかる。ということは、週8日ないと終わらない計算だ。そんな過酷な状況下で、学生たちは何をどうまわしていくことが近道で、なおかつ最も効率的なのかだんだんと体で分かってくる。その技を2年間積み重ねた結果として、ＭＢＡ的発想またはＭＢＡ的処世術とでも呼べる武器を彼らは手にする。

それにしても、経営学の基本とはいえども詰め込まれる知識の分量は半端ではない。２年間で経営学に関わるほぼすべての科目を網羅するので、毎日毎日新しいことを脳みそにインプットしている感覚だ。今日は財務担当者、明日は戦略企画室長、そしてその次は組織のエキスパートへとカメレオンのように変身して、10代の受験戦争時代に戻ったように次から次へとコンセプトを理解して、最低限の基礎的な内容は覚えていかなくてはいけない。

しかも、ハイ理解しました、覚えました、では良い成績はもらえない。それらを実際にハードなケーススタディに当てはめて、アウトプットを出さないといけない。ときにはそれが個人で書くレポートだったり、授業のなかのつたない英語でガタガタと震えながらの発言だったり、ケースメンバーと共同で作り上げるプレゼンテーション・パッケージだったりする。とにかくこのアウトプットを生産する作業には恐ろしく時間がかかる。

例えば、ある日社内でまったく関係のない部署に配属になって、2日後には今後の戦略についてレポートを仕上げ、それを外国人の上司の前で質問攻めにあいながら発表をする、そんな感覚に近い。そして、そのレポートを書くためには、100ページ以上の参考文献を読み込まなければならず、つい数時間前に覚えた経営学のツールを使ってゴリゴリと分析をすることが当たり前のこととして求められる。とにかくタフなミッションだ。結果として常に睡眠不足に悩まされ、いつでも次にやらなければならないことが亡霊のようにつきまとう日々を送ることになる。

もちろん、初めからこんな技が使えるわけではない。とにかく時間を使って無駄な作業をしこたま繰り返すうちに、がむしゃらに勉強をスタートするのではなく、最初にちょっとだけ頭を使い、ぐっと集中して何をすべきか考えることがサバイブするためのミソだということにふっと気づくものだ。そうすることで、必要なものだけに手をつけることができるし、重要なコンセプトについては、まずはその分野に明るいクラスメートに簡単に教えてもらってから、勉強をスタートすればよいことが分かってくる。

例えば、これまでまったく無縁だった企業価値の計算ツールを使って、半導体業界のM&A戦略についてレポートを書かなければならないとき。まずは元投資銀行のクラスメートと、昔半導体業界で働いていたクラスメートを食堂や図書館で見つけ出し、5分ずつ話を聞く。そこで勘所を押さえておいて、課題のケースや参考文献から関連のある部分だけを読み込み、その後はグッと頭を使ってレポートをまとめていく。そんな処世術を実践できるようになってくるのだ。

ＭＢＡ生活を何とかサバイブして無事卒業できる頃には、強烈なタイムプレッシャーの下でもそれなりに高い水準の仕事ができるようになっている。自分に足りない部分は、まわりをうまく巻き込んでスパッと仕事ができるようになる。その見返りとして、高い報酬をもらい、管理職として企業に就職するものもいれば、経営陣と丁々発止でやりあうコンサルティングファームや投資銀行に就職する者もいる。なるほど、このようなＭＢＡの技は高く売れるものらしい。

そんな処世術や技を簡単に紹介する本があれば、何も2年間も留学する必要はないではないか？　この本を書こうと思った理由はそこにある。ＭＢＡをサバイブすることでしか身につけられない〝高く売れる〟処世術。世界のビジネスマンとも対等にやりあえる、稼ぐ課長になることができる技。とても虫のよい話だが、この本にはそんな実践的なエッセンスを凝縮させている。これさえ読めば、稼ぐ課長になるために必要なＭＢＡのいちばんおいしい部分が身につけられるはずだ。あとは自分の努力でＭＢＡと同等の知識を得ればよい。ＭＢＡで習う経営手法に関しては、日本にいてもいくらでも教科書で勉強できる。英語を上達させるために、何も一千万円以上の費用をかけてＭＢＡ留学する必要はない。

飲み屋でもう一杯の生ビールを我慢し、ぜひ寝る前に一章でもよいから自分にとって興味のあるトピックスを軽く読み流してほしい。あるいは、いつもより少しだけ早起きをして、いつもより少しだけ空いた通勤電車のなかで、二日酔いの頭にカツを入れて数章を読み込んでほしい。そして、ひとつでもよいから自分で試してほしいと思う。そうすることで、あなたの課長としての力がパワーアップされて、世界で通用する〝すごい〟に一歩でも近づけるのであれば、筆者としては嬉しいかぎりだ。

第1章
MBA的思考術

1　成功するため、楽しく生きるためには、頭を使って考える

考えない課長はブレークスルーできない

普段から慣れ親しんでいる仕事を、手なりで進めるのは実は楽な作業だ。もちろんヨーイドンでスタートしてから終わらせるまでの時間は必要だし、作業に集中するためのモチベーションを保ちつづけないといけないことは確かだけれども、一段落したときのちょっとした達成感は本当に気持ちがよい。うーん、いい仕事をしたと実感できる瞬間でもある。

そのような進め方で仕事をしている最中は、何を考えるわけでもなくいろいろなことをぼんやりと考えながら手を動かしている。

思い返してみよう、数年前に平社員だった頃は、与えられた作業をきちんとこな

せば評価されたし、ほかの社員よりも短い時間でより正確に作業できれば〝できる奴〟という嬉しい称号がもらえたのではないだろうか。そして課長になった今も、まだその癖を引きずりながら、ついつい作業に没頭して、実は頭は動いていない。変わらないといけないなあと頭の片隅で思いながら……。

考えるのはかなり疲れる作業だ。まずは何について考えないといけないかを考えないといけない。次に、どのように考えるかについて考えないといけない。そして実際に、脳みそをフル回転させて、考える。しびれるほどの集中力が必要になってくる。１００ｍを全速力で駆け抜ける感覚を全身に充満させる、そんな感じに近いぐらいの集中力がないと、まともなものは考えられない。普段からそんな感覚を味わっているだろうか？

それにしても、どうしてしびれるくらいに考えなくても仕事はそこそこ回ってしまうのだろう？

実は、業務経験が豊かな分野であれば、単に知っているだけで解けてしまう問題が多いのだ。その場合、過去に経験した成功事例や仕事の進め方のプロセスを踏襲することが、そのまま正解になる。運よくこれまでに数年の経験を蓄積し、その部門でエスカレーター式に課長になれたとしたら、このような経験を武器にした仕事の進め方でかなりの付加価値をつけられる。もしも仮に、ビジネスを取り巻く状況や、社内のプラクティスがこれまでと変わらないとしたら……。

ところが、これからの変化のスピードが恐ろしく速い時代には、過去の経験だけでやりくりするのはほとんど不可能だろう。規制が変わる、顧客の嗜好が変わる、とにかくいろいろなものが刻一刻と変わっていく。せっかく豊かな経験があったとしても、それをそのまま使うだけでは解けない問題だらけになる。考え方の基本ができていないと、経験という武器は単なる宝の持ち腐れになってしまう。そして何よりも、ある日突然、自分に経験がない分野にいきなり投げ出されたときは、もうお手上げ状態。

さあ、ここが課長としてブレークスルーできるかどうかの正念場だ。経験という自分の武器をいつでも自由自在に使いこなすために、頭を使って考えられるようになるか。それとも、今のままで終わってしまうのか。もちろん、これは仕事にかぎったことじゃない。プライベートでも、目まぐるしくいろいろなことが変わっていくのは同じ。楽しく充実した私生活を送るためにも、とにかく頭の使い方をトレーニングしておくことは大事だ。

MBAは頭を使って考える、強制トレーニング道場だ

ＭＢＡホルダーが、あまり自分の得意でない分野でもそれなりに意見が言えるのには理由がある。彼らは、２年間のタフな学生生活のなかで、しこたま考えるトレーニングをさせられるのだ。自分の知っている分野で、経験をベースに意見が言える機会は多くない。ほとんどの場合は、それまで何の縁もゆかりもなかった業界や内容について、相手を納得させられるだけの意見が求められる。とにもかくにも大変な2年間を過ごすことを強要されるため、知らず知らずのうちに考える頭に進化していく。

単位を取るための課題は待ってくれない。期日までにできなければ、落第点がつ

く。そんな環境のなかで、とにかくサバイブして必要な単位数を稼ぐために、それまで使っていなかった頭を無理やり回転させて、ひたすら脳に汗をかく。大量の課題を読み込んで書くレポート、授業での発言、プレゼンテーション、などなど。しかも、ロジックが甘いと、容赦なく成績は下がる。本当に、MBAに来るまでは頭なんか使っていなかったんだなあと実感させられるぐらい、脳細胞はいつでも全力疾走だ。

それに、大量に詰め込まないといけない基礎知識を覚えるときに実感するのが、10代の受験戦争を駆け抜けてきたころのような、何でも機械的に丸暗記する能力は悲しいくらい低下していることだ。まずは、内容を理解しないと頭に入ってこない。じっくり考えて納得しないかぎり、使える知識にならないのだ。

幸いにも、単なる暗記力を確かめるような試験はないので、基礎知識を隅から隅まで丸暗記する必要はない。しかし一度考え抜いて腹に落ちたものでないと、試験では太刀打ちできない。例えば、統計や会計などの数式を扱う授業では、教科書であろうとノートであろうと持ち込みができる。でも、その中身を書き写せば点数がもらえるような、大学時代のような嬉しい思いはできるはずもない。いわんや、教科書を丸暗記したところで、それが使えないのだとしたら何にもならない。

実際ＭＢＡには、びっくりするような高学歴を持って、しかも留学前はそれぞれ働いていた企業で〝すごい〟と突き抜けていた輩が世界中から集まっている。そんなクラスメートたちでも、最初は本当に苦労する。それまでの数倍、考えることを強制されるのに、頭がついていかないからだ。

そして、暗記力と処理能力で仕事をまわす20代のビジネスマン生活を過ごしてしまった日本人は、そもそも考える習慣がない分だけ余計にハンディがあり、余計に苦労をすることになる。ＭＢＡ帰りの人間が、よく「今までの人生で一番脳みそを使った時期だった」と口にするのは、考えさせられる2年間を過ごして帰ってきた証拠だ。

この考える作業が、授業中あるいは勉強しているときだけならまだ助かるのだが、実際は常に考えていないと、ランチを一緒に食べているクラスメートからも突っ込まれる。そこで、ただでさえ流暢ではない英語でごにゃごにゃと、何の芯もない話を繰り返してしまうと、友達もできなくなってしまう。アメリカ人にしろヨーロッパ人にしろ、子供の頃から考えることを習慣づけられている。さらにＭＢＡの修業期間が進むにつれ、たちが悪いぐらい脳みその回転力が進化している。

例えば、なぜ前の会社にいたのか、どうしてＭＢＡを取ろうと思ったのか、将来どんなキャリアゴールを考えていて、そのためにどんな授業を取って、どんな企業に就職したいと考えているのか……といった話を、すらすらとロジカルに説明できないと、「なんでこんな奴がクラスにいるのだろう⁉」と、知的レベルさえ疑われてしまう。パーティーにすら呼ばれやしない。

結果として、学校でも、プライベートでも強制的に頭を使うようになる。いつでも脳みそのＣＰＵはフル稼働中。一息ついて日本にいたころのようにぼーっとできるのは、深夜一人で下卑たトークショウをＴＶで見ながら、ビールをあおっているときぐらい。そのくせ、「あー、明日もまた死ぬほど頭を使わないと」と、ため息をつきながら、ＭＢＡに来てしまったことを後悔するのだ。

普段から頭を使うことで、光が射してくる

では実際に、頭を使って考えるとはどういったことなのだろうか。複雑な問題についてすべてを把握して高性能なPCのように答えを出すことだろうか。いや、そんな小難しいことではない。実は非常にシンプルかつタフな頭の使い方。具体的には、ものごとの「なぜ（why）」と「だからどうした（so what）」を考えること。しかも、身のまわりの、ほとんどすべてのことについて、とにかく何でもかんでも、「なぜ」と「だからどうした」を考えることなのだ。

例えば戦略論のクラスであれば、「この会社の強みはブランドです」「どうしてそう言えるの？」「で、その強いブランドを使ってこれからどうしたらいいの？」「なぜ、ほかの戦略は駄目なの？」といった議論が延々と繰り返される。

また、プライベートでクラスメートと話をすると「日本からMBAを取りに来たんだよね」「どうして？」「で、君はMBAを取ったあとどうするの？」「どうしてそうしたいの？」というような会話が続く。そう思うからですとか、なんとなく

これがいいような気がします、では答えにならない。相手を納得させるだけの答えを出すために、脳みそに鞭打って考えることが必要になってくる。

いやはや、考える習慣のない人間にとってこの手の会話の応酬は拷問に近い。すみません、何も考えてなかった僕が悪かったです、だから許してください……そんな気持ちになってくるぐらいにキツイやり取りだ。

ところが、この「考える」という習慣は、不思議なことにだんだんと慣れるものらしい。学期が進むにつれ、この思考形態に体が順応してくる。自分の意見を筋道を立ててロジカルにスパッと言えるようになると、鳥肌が立つくらいに気持ちがいい。自分が日に日に賢くなっていることが実感できるようになる。ＭＢＡから得られる充実感や達成感のかなりの部分は、この体験から生み出されるのではないかと思うぐらいだ。

そしてそのうち、きちんと考えないと気持ちの悪さを感じるようになってくる。何だかよく分からないなあという感覚を持ち続けることに納得できなくなってくる。その気持ち悪さを例えるなら、足のかゆい部分を靴の上からかくような感じ、あるいは前頭葉の2センチ手前で歌手の名前や曲名が思い出せずに止まってしまっているような感覚に近い。

頭を使って考える習慣はMBAを修得しに行かなくても身につけられる。普段の心がけ次第で頭の構造を変えることは可能だし、結果として世の中の見え方もかなり変わってくる。それまでぼんやりとしか見えなかった事象が、その裏側まではっきりと鮮明に見えるようになってくるのだ。

そして、仕事をするときにも効果は絶大だ。考える作業がきちんとできるようになると、経験や知識がない領域でも、何とか答えにたどり着くことができるようになる。もちろん、知識や経験がある分野ではそれらを応用してすごい企画を生み出すことだってできるのだ。

そしてまた、ややこしいプライベートの問題も解決の糸口が見えてくる。結果として、仕事でもプライベートでも守備範囲が大きく広がり、成功するチャンスは大きくなってくる。それだけではない、失敗のリスクだって大幅に減らせるようになることは言うまでもない。

本書では、各章でさまざまな具体的な場面に当てはめて、考えるためのテクニックを紹介していく。さあ、皆さんも考える課長になって成功しよう。そして、楽しく生きる術を身につけようではないか。

2　ややこしい問題は〝バラバラ分解〟で解決する

とにかく何が問題の原因なのか、分かるまでバラバラに分解しよう

課長になると、「うーん」と腕を組んでうなりながら悩む機会が格段に増える。平社員だったころは自分の担当業務だけに悩んでいれば済まされたが、課長になるとそうはいかない。何かにつけて、ややこしい問題が増えてくる。

何が問題なのかについて、最も表層的な部分は見えている。例えば、商品が売れない、新商品開発が計画どおりにいかない、コストがなかなか削減できない、生産ラインの効率改善が進まない、提携の交渉が暗礁に乗り上げる、社内組織がうまく機能せず、メンバーは皆不満たらたら、などなど……。課長の行くところは、問題だらけだ。

とにかく、問題を解決するためには、アクションを起こさなくてはいけない。そこでいろいろと解決策を考えてみる。ところが問題解決の基本ができていないと、単なる思いつきでアイデアを出すことになってしまう。頭の中で、あっちに行ったりこっちに行ったりと堂々巡りを繰り返して、思いつきで解決策を考えてみたものの、やっぱり違う方法のほうがうまくいきそうな気がしたり。また最初に戻って、「やっぱり分からないどうしよう、困ったぞ」といった、無駄なサイクルにはまってしまう。このような考え方のプロセスでは、まともな解決策は出てきそうにない。当てずっぽうの解決策が成功する確率は、悲しいぐらい低いのだ。

成功確率の低い解決策をだらだらと考えているうちに、時間は刻一刻と流れていく。しかも、上司からはすぐにかっちりとした解決策を持ってくるように、そして当然のことながら結果を出すように命令が出ている。早速動き出さないともう間に合わない、切羽詰まった状態に直面している。

そんなときこそ、面倒臭がらずに少し時間をかけて、問題をバラバラ分解してみよう。とにかく、これが問題の真因だと自分が納得できるまでしつこく丁寧にバラバラバラにしてみる。一見時間がかかりそうだが、実はこれが一番の近道だ。堂々巡りで効果のない解決策をたくさんひねり出したところで、ほとんどはガラクタ同然で使いものにならない。それよりは、ひとつか二つの間違いなく効く解決策を考え出したほうが、はるかに効率的なのだ。では、バラバラ分解の手法を具体的にどのように使ったらよいのか、事例を使って考えてみよう。

例えば、こんなときにはどうやってバラバラにする?

例えば、あなたがカジュアル服を販売している大手チェーンの横浜支店で販売課長をしているとしよう。今朝、出社した途端に支店長に呼び出され、「このままだと、佐藤課長のエリアは今月の目標を下回るぞ。頼むぞ、何とかしてくれよ」とキツイ口調でクギを刺された。今はちょうど月の真ん中。さてどうしたらよいだろうか?

まったく、支店長の横柄な態度には普段から腹が立つのだが、今朝の言い方はいつも以上にむかむかさせられる。そんな気持ちを引きずりながら、佐藤課長はふと考えたとしよう。

「さあ、午後に部下を緊急に全員招集して、目標を必達させるように気合いを入れ直すとするか。課長の威厳を保つためにも、みんながしゃきっとするぐらいに、怒り倒すぐらいの口調で目を覚まさせないといけないな。そういえば、最近特に山田は覇気がないし、どうもたるんでいる感じがするから、あいつをスケープゴートにして、カミナリを落とすとしよう。とはいっても、鞭だけでは駄目だから、売るための玉も渡してあげないといけないな。販売促進費の予算を皆に割り振って……、ちょっと待てよ、今月の残りの予算を全員で割り振っても、各店舗当たりでできることはたかが知れているぞ。でも、今から本社に予算を増やす申請をしても、承認が下りるまでには1週間以上かかってしまうし、まったく困った。やっぱり、いつも以上に気合いを入れて目標必達の気持ちを持たせるのが肝だな。がんばるぞ！」

佐藤課長は一体何をがんばるのだか……。まあ、まさかここまで極端な困った課長さんはいないだろうが、多かれ少なかれ、このような誤ったアプローチをしてしまう課長は多いだろう。

なぜなら、この方法が一番簡単にできるからだ。言い換えるなら、脳みそをフル回転させて問題解決をしなくても、単に部下を集めて怒り倒すだけでよい。もちろん気合いを入れるぐらい怒り倒すにはそれ相応のエネルギーを使うのは確かだが、世界標準の課長を目指そうと思うのなら、頭を使って付加価値をつける方法を身につけないといけない。

このケースであれば、各営業マンを召集する前に、エリア、担当営業マン、店舗タイプ別に実績をバラバラにして分析し、まずはどこに問題があるのか把握しておくことが必要だろう。そして、売り上げが伸び悩んでいるエリアあるいは店舗を担当している営業マンの携帯電話に電話をして、何が起こっているのかを簡単に聞けば、問題は見えてくる。

例えば、今月の売り上げが伸び悩んでいるのは、主要幹線道路沿いエリアの郊外型大型店の売り上げが、先月と比べて大幅に落ちていることが原因だと分かったとしよう（通常の販売支店であれば、このようなデータは毎日課長が把握しているはずだ)。そしてまた、競合他社が今月頭から積極的なプロモーションをしていることが、苦戦の原因だということが、担当営業マンとの連絡で分かったとしよう。

次に、競合他社の影響で、自社の郊外型大型店の売り上げがなぜ落ち込んでいるのかをバラバラに分解して考えてみよう。来店顧客数が減っているのか、それとも購買額が落ちているのか。どのセグメントの顧客が落ち込みの原因になっているのか。売れないのは、価格が適正ではないからなのか、それとも目玉商品を絡めたプロモーションが競合に負けているからなのか、商品の品揃えが問題なのか、店内でサービスが不十分なのか。各店舗から上がってくるPOSデータをにらんでどの数字が落ちているのかを分析する。そして実際に担当営業マンを至急いくつかの店舗に行かせて、店長やスタッフからの意見を聞き出してもらい、必要な情報を集めよう。

これは、非常に地道な作業だ。けっして派手で天才的なアプローチではない。しかしながら、このように頭を使ってバラバラに分解し、原因を特定するための情報を集める作業を繰り返すことで、必ず鉱脈にたどり着くことができる。

もちろん、このような作業は普段から無意識のうちにしているだろう。しかし、抜け漏れや見落としがないようにみっちりと頭を使いながら、バラバラに分解する作業は相当意識しないとできない。分かったつもりで、実はある項目について検討するのを忘れていたというようなことがよく起こるが、しっかりと頭を使ってバラバラ分解をしないのがその原因だ。

バラバラにして問題点が見えた後は、その理由を考えてみる

さあ、先ほどの例に戻って考えてみよう。郊外型店舗の競合他社がプロモーション攻勢をかけていることが、売り負けている原因だということが事実として分かった。もちろん、ここでカウンターアクションとして、競合他社と同じようなプロモーションを展開するといった解決策を打つ手もあるだろう。

とにかくスピード重視で一刻も早く対処したいという気持ちは十分に理解できる。しかし、せっかく頭を使って原因をバラバラに分解したのだから、もう少しず

っしりとした戦略を考えようではないか。あと数分間余計に頭を使うことで、問題はさらにクリアに見えるようになってくるし、より効果的な対策が打てるようになるのだから。

店舗からのデータを分析した結果、実は来店客数は逆に増えていることが分かった。競合他社が新聞の折込みチラシを使ってセールの告知をすることで、自社の店舗にも顧客が流入してきているのだ。ところが、売り上げは女性用の次のシーズンに照準を当てたカジュアル服で極端に落ちている。特に、20代から30代向けの主力商品の落ち込みがひどい。もちろん、自社でも当然次のシーズンに向けたカジュアル服は取り揃えているし、市内型の店舗では順調に売れている。担当営業マンが競合他社を覆面調査した結果からも、価格面では負けていないし、店舗のスタッフから次のシーズン向けの商品に対して顧客からの不満や要望があるといった声も出ていないようだ。では、どうして郊外型ではこれらの商品が売れないのか。

次に、もう一歩踏み込んで、今度はこの事実の背景について「なぜ（why）」を考えてみよう。顧客は、競合他社のプロモーションで、購買意欲をそそられたとしても、やはり自社のブランドに対してロイヤリティを感じていてくれているのではないか。だからこそ、わざわざ我々の郊外型店舗に立ち寄ってくれている。しかし、お目当ての商品が目立つ所に陳列されていないので、次のシーズンに向けた商品があることに気がつかない。一方で、競合他社の折込みチラシで目にした次のシーズン向け商品のセールの内容は記憶に残っているので、目的の商品がすぐに見つからないと、面倒臭くなって競合他社の店舗に行ってしまう。

つまり、本来ならば売れるはずの、お買い得価格でデザイン的にも優れている商品を手に取らせる機会を失ってしまっているのだ。結果として、競合他社の店舗では売り上げが伸びて、自社の売り上げは落ちる。我々はせっかくの販売チャンスを逃してしまっている。

さあ、次はアクションを起こす番だ

数分間頭を使って「なぜ（why）」を考えることで、問題だけでなく、その背景がクリアに理解できた。次はいよいよアクションを起こす番だ。このケースの場合、次のシーズン向けの女性用カジュアル服を、目立つ場所に陳列し直して、店内プロモーションを派手に展開することが必要だ。各店の店長に連絡を入れて、何をしたらよいかについて伝えよう。

また、仮に販売促進に使える予算がまだ残っているとしたら、郊外型の店舗用に限って、折込みチラシなどを使った告知活動についても考えてみよう。担当エリアすべてにまんべんなくバラまく予算はなかったが、エリアを限定してプロモーションをかけるだけの予算は残っていたはずだ。あるいは、市内型店舗用に割り振っていた予算を、郊外型につけ替えるといった手段もある。

この段階までくれば、次に具体的にどう段取りを踏んで仕事を進めたらよいかについては、特にアドバイスすることは必要ないだろう。何をすべきかについては、あなたはきっともう十分すぎるほど分かっているはずだ。なぜなら、課長にまで昇進できるだけの、優れたビジネスマンなのだから。

3　隙間時間を活用して残業を50％カットする

なぜいつも時間が足りないのだろう

「あーあ、今日も何となくスケジュールをこなしているうちに時間が過ぎてしまって、やろうと思っていたことができなかったなあ」

そんな気分になることはないだろうか？

一体、今日一日で何をしたのだろうと思い返してみる。朝、課長会議に出て、その後はお客さんと会って、業者と会議をして、部下から報告を受けて、隣の部の課長と相談をして、気がつくと、もう夜8時になっている。今日中にまとめないといけない資料を終わらせると会社を出られるのは10時。ということは家に着くのは11時半ぐらい。ビールを一杯飲みながら、遅い晩御飯を食べてテレビを見たらすぐに寝ないと、明日の朝6時に起きられなくなってしまう。けっしてワーカホリックだとは思わないが、仕事に費やす時間はあまりにも長い。

しかも、早々にやらなければいけないのに、まだ手をつけられていない仕事もある。今週中に課の来月の計画をまとめて、週明けには上司に説明しないといけない。また、特別申請の申請書を仕上げて、別部門の担当者から承認を取ることも止まってしまっている。別に仕事をさぼっているわけではない。目の前の仕事はきちんとこなしているつもり。それにしても、なんでこんなに時間が足りないのだろうか。

こんな課長さんにぜひともお勧めしたい仕事術がある。それは、隙間時間の活用。MBA学生が2年間のハードワークを乗り切るために、自然と身につける技だ。それでは、早速具体例を使いながら、どのようにしたらよいか考えてみよう。

5分で考えられることは山のようにある

まずは、今回登場してもらう石田課長の1日のスケジュールはどんな感じだったか、見てみよう。

9時30分～11時30分　課長会議
12時30分～13時30分　お客さんと昼食を取りながら、販売促進サポートの議論
14時00分～15時30分　業者との打ち合わせ
16時30分～17時00分　部下の山田君からの報告を受ける
17時30分～19時00分　隣の部の課長と相談

まず、石田課長は、朝一番から順調に仕事をスタートできたのだろうか。いや、実は石田課長は、9時から9時30分までの30分間を、コーヒーを取りにいったり、書類の整理をしたりと、特に頭を使わずに過ごしてしまった。もしも会社に着く前の電車の中で、たった5分間でよいから、今日やるべき内容と、その進め方を確認することができていたら、9時ジャストから仕事をスタートすることができたはずだ。

また、よくよく考えてみると、細切れの隙間時間は結構あった。例えば、会議と会議の間の30分や、まとまった作業をするには中途半端な感じのする1時間を、どのように使ったのだろうか。石田課長は、隙間時間をメールのチェックや返事書き、電話対応などで埋めてしまっている。たしかにそういったコミュニケーションは必要だが、かなり時間を食う作業だ。それこそ、スケジュールとスケジュールの合間の30分～1時間ぐらいは平気で使ってしまう。

しかしながら、こういった必要な作業についても、もう少し効率的に時間を短縮できる手はある。そして、結果として5分ぐらいの細切れ時間はかなり作れるはずだ。この時間をうまく使うことで、もう少し効率的な仕事の進め方はできるのだ。

例えば、業者に会う前、会議に出る前、部下と話をする前に、何を話すべきかポイントをまとめておくだけで、必要な時間量はかなり違ってくる。具体的には、業者と打ち合わせをするときであれば、「1．どれくらい予算が必要か、2．どれくらいの期間がかかるか、3．懸念される点と、その対応策にはどのようなものが考えられるか」と、手書きで議論の項目を箇条書きしておく。これぐらいの作業であれば5分でできる。

また、このまとめシートを作るときは、左側に議論すべき内容を書き込んで、右側に実際に議論した内容を書き込むようにしよう。こうすることで、話は脱線しないで済むし、内容をクリアに理解できるので、余分な時間をかけずに、用事を済ませることもできる。

会議についても同様に、自分がその会議で知りたい内容や、参加メンバーからインプットしてもらいたい内容を箇条書きでまとめておく。これは5分もあれば十分できる作業だ。特に、自分が会議をリードしないといけない場合、「えーと、今日は何について話すんだっけ」などと言っているようでは課長失格。会議が始まった途端に、「今日の会議は何々と何々について、議論をすることです。ポイントは3つあって……」と、これぐらいスムーズにリードできないと会議は迷走しはじめる。事前に項目をまとめておくことで、議論の堂々巡りや、同じ話の繰りかえしを避けられるので、だらだらと会議が長引くのを防ぐことができる。

また、自分がメンバーとして参加する会議の場合、ほかのメンバーの報告や議論の内容について、些細なことだと思っても、とにかく殴り書きでメモを取ろう。そして、会議の後は、殴り書きしたものを簡単に構造化し、ポイントにまとめて整理しよう。具体的には、どんな状況になっていて、何が問題で、その原因は何で、対策は何といった、「why」と「so what」について5分ぐらいでさっと考えて走り書きしよう。ここまで整理されると頭の中にも入りやすいので、後から「あれって何だったっけ」と確認のために電話やメールで時間を浪費するのを防ぐことができる。急がば回れだ。

部下から報告を受ける場合も基本的には同じ。ただこの場合、事前にまとめた項目と、実際の内容がずれる可能性もあるので、まずは部下が報告を始める最初の1～2分を使って、ポイントを書き出してしまおう。後の作業は、業者との打ち合わせや会議と一緒だ。

前後にちょっとだけ時間を使って作業を効率化できるのは電話やメールでも同じ手法を使える。こちらから電話をする場合は、かける前30秒を使って何を話すかリストアップしておく。また、向こうからかかってきた場合は、その場ではくず紙の端などに走り書きしておいて、あとから何を話したかについてまとめて書き込む。また、メールについても、伝えたい内容を箇条書きでさっとタイプしたあと、前後のつなぎの文章を書く。これなら、書いている途中で時間切れになってもすぐに後から再開できる。何よりも書く時間を大幅に短縮できるのだ。

ほかの部署にヒントをもらいにいくときも、事前に聞きたい内容、議論したい内容を箇条書きにしておくことで、いきなり本題に入ることができる。また、相手にも「3分だけ」といった感じで必要な時間を伝えておけば、タイムプレッシャーがある分、限られた時間を有効に使おうという意識も働く。お互いにとってハッピーな時間の使い方だ。

5分の隙間時間を使ってできることはほかにもある。上司向けの報告資料の章立てや、提案する企画の柱に関するアイデア出しも、ぐっと集中して頭を使えば、箇条書き程度のものはすぐにできてしまうし、申請書についても、簡単なポンチ絵やロジックの流れぐらいは5分もあれば十分に考えられる。逆に、じっくり時間をかけて考えようとすると、とかく無駄な部分に時間を使ってしまうこともある。些細な詳細から考え出してうんうん唸ってしまい、結局何もまとまらないというような時間の浪費はできるだけ避けたいものだ。

さあ皆さんも、いつもより30分だけ時間をかけて、今日のスケジュールを振り返ってみよう。そして、5分の隙間時間を使うことで、どれだけ各スケジュールへの投下時間を減らせるか考えてみよう。そうすることで、明日からの時間の使い方は大幅に改善され、今よりも50%の残業カットが現実的なシナリオになってくるはずだ。

隙間時間をもっと活用するための小技を使おう

普段から、スケジュールソフトを使うように習慣づけよう。そして、会議などの強制的に時間をとられるものだけではなく、頭を使って作業する内容についても打ち込んでおこう。

例えば、9時から10時は会議、10時から12時は申請書作成のための作業時間といったように。最近のスケジュールソフトは非常に便利にできていて、マウスでドラッグするだけで、スケジュールを入れられるし、項目別に色も変えられる。加えて、何を議論すべきか、何について作業すべきかについての箇条書きポイントを、スケジュールの中に打ち込んでおこう。

そしてまた、できるだけいつでもＰＣのスクリーンにスケジュールソフトの画面を出しておこう。こうすることで、次の30分、１時間で何をしたらよいのか一発で把握できる。このスケジュールソフトに内容を打ち込む作業は、まさに５分程度の隙間時間を使ってできる作業だが、効果は絶大だ。

次に、会議や打ち合わせの項目を事前に５分間でまとめるときは、とにかく手書きで済ますようにしよう。単なる箇条書きの項目出しの作業に、プレゼンテーションソフトや文書作成ソフトを使うのは愚の骨頂。一見後から編集ができて便利なようだが、フォーマットなどを決めているだけで５分はすぐにたってしまう。これでは隙間時間の５分はうまく使えない。飛び道具は、最後に体裁を整えるときだけに使えばよいのだ。あるいは、まとまった時間を使って、じっくり考えながら資料を作りたいときにあなたを助けてくれる道具だと考えよう。

また、手書きのメモは一枚ずつ切り取れるワークパッド形式のノートに書き込み、薄手のファイルに投げ込んでおく。分厚いノートは、一見すべてを一冊でまとめられるようで便利な気がするが、後から必要な情報を拾い出すのには時間がかかるからだ。また、資料や手書きのメモを入れるためのファイルはいちいち綴じないで済むタイプがよい。ファイルはとにかくたくさん用意しよう。5分間の隙間時間を使ってものを考えるときに、さっと必要な書類を取り出せるように。

蛇足になってしまいそうだが、休憩時間もちょっとした時間で考えられる貴重な機会だ。タバコを吸いに行くときも、ランチに行くときも、ポストイットとペンぐらいはポケットに忍び込ませておこう。あるいは、携帯電話のメモ帳を活用したり、自分宛てにケータイメールを作って送るといった手もある。もしも、何もなかったとしたら、指に記憶を貼り付けておく。親指は何、人差し指は何という感じに。そして、席に戻ったらすぐに紙に書いて忘れないようにしよう。

せっかく頭を使って考えた5分間だ。無駄にしないで、次のアクションにつなげる工夫が大切だ。

さあ、世界で通用する時間の使い方ができる課長になるために、隙間時間の5分間で脳みそをフル回転させて考えよう。そうすることで、その数倍の時間を節約できるようになるのだ。

4　ＭＢＡ流　新しいアイデアの生産戦術

新しいアイデアを生み出すのは大変だ

次のキャンペーンでは、今までになかったような画期的なアイデアで、上司や社内のメンバーをびっくりさせるぐらいの成功事例を作りたい。あるいは、これまでになかったような新しい商品を開発して、社内表彰を受けるぐらいの大ヒットを飛ばしたい。そんな気分になることは多いのではないだろうか。

さあ気合いと根性ですごいアイデアを考えだすぞ、とがんばってみたところで、今まで誰も考えつかなかったようなすごい企画が突然ポンと湧いて出てくることは、ほとんどないだろう。もちろん、天才的なヒラメキがある人や偶然の産物は例外だが、残念ながらそういった機会はめったにないものだ（もちろん、世の中には

「一発屋」と呼ばれるような、ある日突然神様が舞い降りてきて、ラッキーないたずらをしてもらえる人もいるが、これは宝くじに当たるぐらい確率は低い……）。

よしんば、仮に「これは今までになかった」と思うようなアイデアが頭に浮かんで、これはすごいと自分では確信が持てたとしても、成功の確率が高いかどうかについては実際にやってみないと分からない。そのようなケースの場合、自分のアイデアに対する思い入れが強く、あまりに固執しすぎて結局は失敗するというのがよくあるパターンだったりもする。これはこれで悲しい話だ。

ちょっと冷静に考えてみればすぐ分かるのだが、そもそも自分一人でパッと思いつくようなアイデアは、すでにどこかで誰かが思いついている。そして、そのアイデアが本当にうまくいくほどのすごいアイデアであれば、すでにどこかで使われているはずだ。そのくらい謙虚に思ったほうがよいのではないだろうか。

ところで、ＭＢＡではよく事例研究をさせられる。ある業界で成功している企業やプラクティスについて、ケーススタディといった形式で何をしているのかを研究し、そこから示唆を引き出して、他社の戦略に応用するためだ。結構地道な作業ではあるが、実際にやってみるとなかなか味があり、あとから使える武器を与えてくれる素晴らしい手法だ。

さて、今回はどうやって新しいアイデアを生み出したらよいのかについて、事例研究の手法をもとにして考えてみよう。この技を身につけることによって、あなたはコンスタントに成功確率の高いアイデアを生み出すことができるようになる。

とにかく事例を見よう、事例はアイデアの宝箱なのだから

さて、今回は男性用化粧品の販売企画を担当している岩田課長にご登場いただこう。岩田課長は、全国の化粧品店や直販店での販売キャンペーン企画についてこれまで仕事をしてきた。支店営業マン時代は実際に現場を経験してきたので、本社販売企画部に異動になってからも、かゆいところに手が届くキャンペーンを企画することができる課長として評判だ。

ところがある日、販売企画の担当役員から、インターネットを使った新しい販売

方法についてのアイデアを出すようにという使命が与えられた。たしかにここ数年、インターネット販売が流行ってきているのは知っていたし、自社が対応に立ち遅れていることには気づいていたが、まさか自分のところに話が来るとは寝耳に水。とはいえ、前向きな岩田課長は、これはチャンスとばかりにさっそく新しいアイデア作りに取りかかろうと準備を始めた。

さあ、とまずは気合を入れて、支店時代の経験や販売企画でのこれまでの取り組み内容をベースに、ゼロから自分で考えようとした。ところが、いくら一人で唸ってみても、なかなか新しいアイデアが出てこない。自分では頭を使っているつもりが、出てくるアイデアは過去の焼き直しをインターネットに置き換えただけ。たしかにこれでは厳しい。

この場合であれば、まずは、同じ業界でインターネットを使って化粧品を販売している企業がどのように取り組んでいるのか、事例を見てみることが第一歩になるだろう。例えば、競合企業は、若い世代に向けて廉価版の製品を販売しているがうまくいっていない、あるいは女性用化粧品をネットで販売している企業はかなりの数あるといったことがすぐに分かるはずだ。そのなかでも、特にどの企業が成功しているのかについて、しっかりと把握しておくことが必要。成功事例はあとで新しいアイデアを生み出すときの材料になるのだから。

また、事例については、新聞記事、ネットビジネス関連雑誌、業界紙、ホームページ、ネットでの検索などの情報ソースを使っていくらでも集められるので、まずは興味本位でいいから、多くの事例を集めてみることからスタートするとよい。

次に、ちょっと視点を変えて、自分とは違った業界で成功している企業の事例についても見てみる。例えば、オンラインブックストアで成功している企業がある、自動車の新車販売でうまくネットを使って成功している例がある、オフィス事務用品のネット販売で成功している事例がある、などなどについても調べてみる。

また、こういった他業界の事例を調べる際には、具体的に、この企業はこんなことをしてインターネット販売に成功しているといったところまで理解できるとよい。土地勘のない業界の事例を「ふーん、そうなんだあ」と、単に成功していることだけしか理解していないと、後から新しいアイデア作りに使えなくなってしまうからだ。

成功事例を新しいアイデアに進化させるために、頭を使おう

さて、情報収集のおかげで成功事例は集まったが、これは料理を作るために材料が集まったのと同じで、そのままでは使えないし、成功事例自体は新しいアイデアではない。集めた成功事例から新しいアイデアを生み出さないと、単なる物知り課長で終わってしまう（それはそれで付加価値ではあるが……）。では、次に成功事例を材料にして、何をしたらよいのか考えてみよう。

岩田課長も世界標準の考える課長を目指す一人として、まずは集めた事例をもとにして、いろいろと頭を使ってみることが必要だ。具体的には、集めた成功事例がどうして成功しているのかその理由、つまり「why」と、その事例の成功要因を使って、あなたの会社であれば何ができるのかといった内容、「so what」について考えてみることが、新しいアイデアを生み出すために必要なアクションになる。

まずは、女性用化粧品のオンライン販売で成功している企業について考えてみよう。この企業は、ウェブサイト上でお試し商品サンプルの利用者募集をしていることが成功の理由らしい。

具体的には、まずサンプルをリクエストしたお客さんにメールアドレスを登録してもらう。サンプルが送られた後は、定期的にその商品に対する意見をメールで送ってもらったり、ほかの利用者がどのように使って効果を出しているのかについてサイト上で紹介したりしている。また、商品ごとにメールマガジンを発行しており、その商品の熱狂的なファンが自発的に投稿している。そのため、非常に盛り上がっているようすだ。

つまり、インターネットやメールを使って情報発信し、自社製品のファンになってもらうための活動を頻繁に行っているということが成功要因だということが分かる。また、メールやネットを使うことで、お客さんの持っている「実際の店舗だと販売員に押し売りされるかもしれない」といった不安を取り去ることで、情報を受け取ってもらえる機会を増やしている。

また、ほかの業界の成功事例を見てみると、これまで全国チェーンだったブックストアが、ここ数年オンライン販売で成功している事例があった。

この企業が成功した理由は何なのか、まずはじっくりと考えてみる。どうやら実際の店舗とオンラインブックストアでは売る商品を変えていることが成功要因だということらしい。その理由について考えてみると次のようなことが分かった。店舗ではちょっと買いにくい本が、主にネット販売で売れているとのこと。具体的には、漫画や成人向け雑誌、写真集といった、大人が実際の店舗のレジでは買いにくい本を、ネットで積極的に販売している。

つまりは、顧客の持つ潜在ニーズにうまく応えて、購買してもらうためのチャネルとしてインターネット販売が機能しているというのがその理由だということだ。

加えて、オンライン購入ではポイントがたまるようになっていて、そのポイントは実際の店舗でも使えるようになっている。ある程度たまると割引サービスが受けられるし、ネット上でそのお客さん専用にカスタマイズされた画面で、簡単に割引クーポンが印刷できる仕組みも用意されている。これで、ネットを利用しているお客さんを店舗にもうまく誘い出すことにも成功している。つまり、オンラインブックストア利用を、自社店舗へ来店してもらうためのキッカケにしているということだ。

双方の成功事例とも、なかなか面白い事例だし、成功している理由「why」がよく分かる。それでは次に、この2つの事例をもとにして、岩田課長が何をしたらよいのかについての新しいアイデアを考えてみよう。これらの成功事例をベースにして、簡単に2〜3のアイデアが作れるはずだ。

例えば、ちょっと店舗では買いにくい男性化粧品をネットで買えるような仕組みを作るというアイデアはどうだろう。加齢臭を抑える化粧品や、薄毛用の化粧品などは、店舗で買うにはちょっと気が引ける。これらをネット上の専用ページで販売し、利用者の意見をどんどん紹介することによって、潜在ニーズを持った顧客の取り込みができそうだ。また、サンプル提供やメールマガジンをうまく活用することで、お客さんが買いやすくする仕掛けも作れそうだ。

また、ネットでの購買に応じてポイントがたまる仕組みは、そのまま使えそうだ。

岩田課長の会社の実店舗ネットワークは充実しているし、気軽に買える整髪料などの商品を、割り引きクーポンなどをキッカケにして買ってもらえる可能性は高い。ネットの顧客を実店舗に呼び込むことで、ネットだけでなく店舗販売にも相乗効果が期待できる、一石二鳥の販売プログラムだ。

成功事例研究は、成功確率の高い新しいアイデアを生み出してくれる手法だということがご理解いただけただろうか。岩田課長の次は、皆さんが実際にこの手法を試してみる番だ。

5　英語は日本人発想そのものを破壊しないと身につかない

とにかく英語には苦労させられる

外資企業に勤めている課長さんはもちろんのこと、昨今のビジネス環境の変化によって、仕事で英語を使う機会が以前と比べて格段に増えた課長さんは意外と多いのではないだろうか。帰国子女や数年の留学経験がある方であれば、そのような過酷な環境でも苦労せずに済むだろうが、日本の受験英語と社会人になってから思い出したようにポツポツと勉強した英語力では、まったく使いものにならずに本当にツライ思いを味わう。

相手の言っていることが分からないうえに、自分の言いたいこともまったく言えないし、よしんば何とか文章が口をついて出てきたとしても、相手に伝わらない。

筆者も、20代のときに勤めていた外資系企業で支店から本社に転勤になり上司が外国人になったときは、今でも思い返したくないほど苦労をした。

あなたのまわりにいる、いかにも自信ありげに英語を喋っているMBAホルダーも、留学当初はとにかく英語で苦労させられたはずだ。日本人学生は、たとえ留学準備で英語のハイスコアを叩き出したとはいえ、ネイティブスピーカーや日常生活で母国語と英語の双方を使って育ったアジア系の学生と比較しても致命的に喋れない。生まれて初めて「自分はこんなにだめだったのか」と自信喪失するぐらいに、話に参加できない。何もかも捨てて日本に帰りたいと思ってしまうくらい苦しい経験をしているはずだ。

ところが、学期が進むうちにだんだんと話が聞き取れるようになるし、言いたいことが相手に伝わるようになってくる。これは、日常生活がすべて英語になることに体が慣れるという要素も大きいが、実はそれだけではない。英語的なものの考え方が体に染みついていくことで、まずは英語力の基礎ができあがり、その上に文法や単語力といった上ものが乗っかっていくことによって英語でのコミュニケーションが上達していくのだ。

本章では、英語を使いこなすための基礎となる考え方と、それをマスターしたうえで、どのようにボキャブラリーを増やしていったらよいのかについて紹介したい。

日本人的なものの考え方が英語の上達を妨げている元凶だ

「この案はかなりいけると思うんですよね」

「うんうん、たしかに。これだったら相当いけそうだね」

日本人で、しかも同じ業務に関わっている者同士であれば、このようなあうんの呼吸で話は通じてしまう。経験や価値観を共有していれば、最低限の言葉でコミュニケーションは成立するからだ。パッと思いついた内容を企画に落とし込んで、すぐさま実行といったスピード感のあるビジネスが展開できる、とても気持ちのよい言葉のキャッチボール。このようなコミュニケーション手法を使いこなし、実績を上げてきた日本人ビジネスマンは多いはずだ。

ところが、英語ではこれは通用しない。「なぜ（why）」がないと、相手は納得してくれないのだ。例えば、先ほどの例で言えば「この案はかなりいけると思うんですよね、なぜなら（because）この案は現状の営業マンの効率を大幅に改善できそうですから」「うんうん、たしかに。でもどうして（why）この案は効率改善につながるのかな」「それはこれこれといった理由からです」……といったような、翻訳すると少々間抜けな感じがする文章になってしまうが、これが英語の考え方の基本。何でもかんでも理由をつけて説明しないと、相手は納得してくれないし、そのまま会話を流そうとしても怒涛の「Why？Why？」攻撃にあってしまう。

この発想は、アメリカの日常生活に溶け込んでいる。それこそ、テレビコマーシャルや、幼児用の番組でさえ、becauseは頻繁に登場する。ようやく文章を喋れるようになったぐらいの子供が、「僕はオーサー（アニメの主人公）は正しいと思うんだ、because 彼は妹のことを助けたからね」といったような発言を立派にする。

そのようなシーンを目の当たりにすると、いかに日本人はロジカルに喋る能力が欠落しているかを実感してしまい、「ああ、僕はこんな小さな子供以下だ」と自信喪失してしまうほどだ。

日本人がこのような喋り方ができないのには、英語のbecauseにあたる便利な説得表現が日常語になかっただけというのが理由なのではないだろうか。例えば、becauseを「なぜなら」と訳して、これを日常会話で使いこなそうとしたら、やっぱり違和感のある語感が漂う。5歳の子供が「パパ、あれ買ってほしいな。なぜなら……」と言ったら、相当変だ（逆に、「だって何々なんだもん」といった表現は子供にはぴったりだが、大の大人がこんな言い方をしたら、ちょっと変わった趣味の持ち主かと勘違いされかねない）。

要は、単に幼少の頃からwhy－because的な喋り方に慣れ親しんでこなかっただけで、我々日本人も訓練すれば英語的なものの考え方を身につけられるチャンスはあるということだ。つまり、「なぜなら」をわざわざ言わずにあうんの呼吸で済ます日本人的な発想を破壊して、「何々だから、何々です」という英語的な発想を身につけないといけないということ。この発想ができるようになるだけで、英語力の基礎はついてくる。

具体的には、結論や意見を先に言ったあとで「これはどうしてかというと、何々だからなんです」といったやわらかい口語表現を口癖にするとよい。なぜかというと、この表現によってbecause的な理由づけの考え方が自然と身につくようになるからだ。これは言うのは簡単だが、実は結構大変な作業である。なぜかというと、普段から自分の意見や企画のすべての内容について相手を説得できるだけの理由が必要となるからだ。これまで以上に頭を回転させて考えないと、英語的な発想は身につかない（ちょっと文章のリズムの悪いこの段落を参考にして、どんな感じの話し方になるか具体的なイメージがつかめるだろうか）。

また、この話し方にはほかにもメリットがある。結論を言ったあと、理由を説明する喋り方に慣れると、話もコンパクトにまとまるようになるし、相手にも伝わりやすくなるという点がその最大のメリットだ。とかく話の長い課長は嫌われるし、延々喋り倒しているのに、結局は何を言っているのか分からない人は多い。世界標準のできる課長になるためには、シャープな話し方ができることも必要だろう。

英語的発想が身につけば、あとは文法と単語を詰め込むだけでOK

いくら日本語であっても、自分の知らない内容について話すのは不可能だ。例えば、ポリマーワックスの分子構造について意見を述べろと言われても、専門家でなければお手上げになってしまう。英語の文法や単語について、まったく同じことが言える。知らないことはどんなにがんばっても話せない。結局は地道に努力することが大切というのが結論だ。

とはいうものの、闇雲に単語帳や辞書を丸暗記するのは退屈な作業だし、高いモチベーションを保ち続けるのは至難の業に近い。それでは、うまくやる気を継続させながら、長期間にわたって継続的にボキャブラリーを積み上げていく方法について紹介しよう。

まず最初に紹介するのはｅメールの活用だ。社内で日本人の友達を探しているネイティブスピーカー（実は彼らは意外と孤独感を味わっていて、日本人で気の置けない友達を欲しがっている）や英語学校で知り合った先生などと、定期的に英語でメールをやり取りする習慣をつけよう。内容は何でもよい。その日にあったことや、時事的なトピックスについて、あなたの意見とその理由を書く。

この作業は、文法と単語を覚えるのに相当に役に立つ。日本語では当たり前のように言える内容も、いざ英語で書こうとすると、悲しいくらい表現が出てこない。そこで、和英辞書や文法の参考書と格闘して、言いたい表現と単語を見つける。定期的にこの作業を積み重ねることによって、あなたが使える単語や文法表現は、飛躍的に向上するはずだ。

メールを出したら、次は返事を待つ。筆まめな人であれば、頻繁にかなり長い返事をくれるだろう。この返事メールは生きた英語表現の宝庫だ。ネイティブスピーカーが日常的に使う、英語的でしゃれた表現に満ちあふれている。これは無駄にできない。それこそ一字一句暗記してしまうぐらいになるまで読み返そう。そして、それらの表現を真似してまたメールを書いてみよう。こうすることで、あなたの書く英語は、日本人英語から本場の英語へとみるみる進化していく。

英字新聞を読んだり、映画を観たりするのも、使える表現や単語を覚えるうえで役に立つ作業だ。特に英字新聞は、テレビなどで内容が分かっているニュースが英語で書かれているわけで、「なるほど、英語だとこう言うのか」と気持ちよく理解できる。ただし、気合いを入れすぎるあまり、日本語でニュースを理解する作業を飛ばして、いきなり英字新聞から読み出すのは、はじめのうちは避けるべきだ。あまりのハードルの高さに挫折してしまい、英語を学ぶモチベーション自体が低下してしまう。

これは映画についても同じ。字幕のない映画は、留学経験があって英語に慣れ親しんだ日本人でも、半分ぐらいしか理解できないことが多い。まずは、日本語の字幕がついた映画を観ながら、英語の表現に同時に耳を傾けよう。すると、「こういう表現を使うんだな」と、ちょっとした日常での表現が身につくようになる。毎週1本ずつ、このような映画の見方ができれば、相当な数の外国人らしい表現を覚えられるだろう。

最後に、何でも英語で独り言を言ってみることをおすすめしたい。具体的には、通勤電車のなかで、中吊広告の内容を英語に直してみる、あるいはその日の会議で発表する内容を英語にしてみる、前日の友達との会話を英語で話してみるといった作業だ。

もちろん、人前で本当に英語の独り言を言ってしまってはまわりから怪訝な顔をされるので、心の中で暗唱する。これは非常によい練習になる。メールを書くよりも、頻繁に練習できるし、うまく言えない表現を、あとから辞書を開いて単語や表現を調べることで、ボキャブラリーはどんどんと増えていく。

一回喋った内容は、次はもっとうまく言えるようになるのと同じで、一度苦しんで英語にした内容は、長い間あなたの脳に滞留してくれるのだ。

6　乱読こそが「使える考え方」の獲得術だ

考えるための技はやっぱり多いほうがよい

料理人が新しいメニューを考え出すときには、きっと頭の中で簡単なシミュレーションをしているはずだ。この材料であれば、まずはこんなふうに下ごしらえをして、こんな感じで火をとおして、味つけは何々ふう……といった具合に。そして、実際の作業に取り掛かり、すべてがシミュレーションどおりにうまくいけば、素晴らしい新メニューが完成する。

素人の我々は、絶対に彼らにはかなわない。なぜなら、彼らのような料理を作り上げていくための技を持ち合わせていないからだ。そして、基本技がないから、それらを発展させた創作の世界にはけっして到達できない。優れた料理人は、経験を積むことによって多くの技を持っている。そして、さらに上を目指すために、常日頃から、新しい技を吸収しようと切磋琢磨し、ブレークスルーを繰り返して成長していく。

考える作業でも同じことがいえる。いくら考えるためのネタが揃ったとしても、それらを料理する技＝考え方を持ち合わせていない場合、どんなにウンウンうなったとしても、何も出てこない。材料がないところでいくら気張って考えたとしても何も出てこないのと同様に、いくら材料があったとしても、それらを料理するための考え方の技がない場合、やっぱり努力は水の泡になってしまう可能性が高いのだ。

しかし、ラッキーなことに、世の中には考えるための技が溢れている。特に実用書やノウハウ本には、著者が何年もかけて熟成させた、使える考え方が凝縮されている。これらを吸収して、技を増やしていかないのはもったいない話だ。

例えば、企業価値を計算するためにはどんな枠組みで考えたらよいか、意思決定を間違いなくスムーズにするためには、どんな視点で事実をとらえたらよいかといった内容が、惜しげもなく紹介されているのだから。

本章では、頭をより高回転させるための考え方の技をどうやって効果的に吸収したらよいか紹介したい。結論から言えば、能動的な読み飛ばしが一番ということになるのだが、その理由と、実際にどう乱読したらよいのかについて一緒に考えてみよう。

本を読むことは、考え方のエッセンスを搾り出す作業だ

例えば、本書の3冊分ぐらいの内容で1冊にまとめ上げられてしまっているような実用書やノウハウ本は世の中に溢れかえっている。本来であればたった数分で、使える考え方を把握できるはずなのに、延々と関係のない内容を読まされて時間を浪費してしまう。

結局、何日もかけて読み終わったあと、「要は、こういうことだったんだな」とまとめてみると、たった3行で済むような内容だったりするわけだ。こんなペース

で本を読んでいっては、なかなか使える道具＝考え方は増えていかない。しかも、関係のない内容を大量に読まされることで焦点がぼやけて、一体何が言いたかったのかということすら理解できなくなってしまったりする。これでは本末転倒。仕事も家庭も大変な課長さんにとって、読書に割ける時間は限られている。できるだけ時間は有効に使いたいものだ。

まずは味わうための読書と、考え方を吸収するための読書はまったく別ものだと考えよう。考える技を抽出するための本の読み方は、じっくりと小説を読んでその世界に浸る読み方とは別物なのだ。とにかく最短の時間で考え方のエッセンスを引き出し、あなたの頭の中にストックすることが、考える技を得る読み方の目的なのだ。そのためには、自分にとって必要な内容だけを選び出すために、関係のないところは読み飛ばすぐらいの勢いが必要。

たしかに、自腹で買った本を数十分程度で読み飛ばしてしまうのは、もったいない気持ちになる。しかし、その本から得られる考え方の技は、じっくり読んでも読み飛ばしてもほとんど変わらない。であれば、短い時間で効率的に考え方を吸収したほうがよいではないか。そして余った時間は、また別の本から別の考え方を抽出する時間にあてよう。

うまく読み飛ばして、考え方を抽出するための技

さて、まずはやってはいけない読み飛ばし方から紹介しよう。面白そうな本を買い込み、最初の章からさっと読み飛ばしていく。「やっぱり速読って大事だよね」という意識で、内容を理解しないまま、とりあえず何が書いてあるかをぺろっと舐めるように、次から次へと読み進んでいく。そして、読み終わった後で、「さて、この本には何が書いてあったんだっけ」と思い返しながら、考え方の抽出作業に取り掛かるという読み方だ。これは非常に効率が悪い読書法。

目的意識のないまま読み進んでいるので、肝心の考え方のエッセンスが吸収できない。結果として、すべてのパートについてぼんやりとした記憶しか残らず、結局はまたいくつかの章を読み返して、再度内容を掘り返す作業が必要になってしま

う。これでは、じっくり最初から読んでいく読書法よりも効率が悪い（実は筆者自身も昔はこのような本の読み方をしていたので、読みかけの本や、もう一度読み返そうと思いながらもう何年もページを開いていない本が自宅に散乱していた）。もしもこのような読み方をしている方がいたら、いますぐ改めよう。

考え方のエッセンスを吸収するための読書法は、「いったいこの本から何を得るのか」という目的意識を持つことが大切だ。新しい考え方の枠組みを学びたい、仕事で煮詰まったときに、前に進むヒントを与えてくれる技を知りたいといったような、その本を読むための理由について、まずは考えよう。これだけでも、吸収効率は格段に向上する。

次に、具体的な本の読み方だが、最初は目次に目を通そう。そして、「いったいこの本は何が言いたいのだろうか」という質問に答えるために、さっと目次を斜め読みする。すると面白くてためになる本であれば、興味を引かれる表題がいくつもあるはず。ここがポイントだ。それらの表題は、あなたがこれまでに持っていなかった考え方の技を紹介している可能性が高い。特に一般的に言われていること、あなたがこれまで考えてきたことと正反対のことを言っているような表現に当たったときは、新しい考え方を吸収できるチャンスだ。

そんなときは、ちょっと立ち止まって「どうしてなんだろう」「何でこんなことを言っているんだろう」と2~3分、頭を回転させて考えてみる。もちろん、その場で答えは出ないから、その章から読み始めればよい。すると、そこにはあなたの疑問に答える内容が繰り広げられているはずだ。

もちろん、自分にとって新しい考え方が紹介されている章だからといって、そこをじっくりと読み込む必要はない。あなたが持った疑問に答えている文章を、読み飛ばしながら探し出そう。

すると、どこかに答えは書かれている。そこであなたの持つ疑問は解消され、新しい考え方が脳みそにストックされる。また、その答えの前後を読むことで、なぜ著者がその考え方を提唱しているのかの理由や、周辺情報についても情報を得られる。ここまで来ることができれば十分だ。あとは、その本のなかで同じようにあなたを立ち止まらせる章を探し出し、同じように読み飛ばして、肝心な部分だけを抽出するという作業を繰り返せばよい。こうすれば、仮にその本を読み終えることができなくても、使える考え方はすでにいくつも抜き出せているのだから。

例えば、「乱読のすすめ」といった題名の本を本屋で見かけたとする。「何か逆説的な言い方をした、気になる本だなあ。一体著者は何を言いたいんだろう？　どうして乱読が優れた読書法だと言えるんだろうか」と、考えながら、目次を斜め読みしてみると、「精読は頭を退化させる」「過去に偉業を成し遂げた天才たちは、乱読の達人だった」「1冊の本を読むのは10分あれば十分」といった刺激的な言葉が飛び込んで来た。これは、使える考え方に溢れた本に違いないと思い、その本を買って家に帰る。

そして、「なぜ、精読は頭を退化させるんだろうか」「天才たちはどうして乱読を好んだのだろうか、彼らは乱読によって、どのように脳みそをパワーアップさせていったのだろうか」、一体どうやって1冊の本を10分で読めるのだろうか」といった質問を読む前に考えながら、それらの章から読み飛ばしていけばよい。すると、きっとそれぞれの章には、今まであなたが思いもしなかったような考え方が紹介されているはずだ。

これらの3章を読むだけなら、きっと数十分で終わるが、使える考え方がいくつもあなたの脳みそにストックされるのではないだろうか。

絞りかすはさっさと捨てる、それでも捨てられない本が良書だ

ちなみに蛇足だが、読み飛ばしてエッセンスを抽出してしまった絞りかすの本は、いらなくなったらさっさと古本屋にでも売ってしまおう。果汁を絞ったあとのオレンジをもう一度料理で使うような機会は少ないのだから（皮を使って別の料理を作るという手もあるが、これは本を漬物石として再利用するようなものだ）。

逆に、もしもその本が使える考え方に満ち溢れていて、これから何度も読み返したいと思わせるものだったら、あなたの蔵書の仲間に入れてあげよう。毎回違ったダシがとれる魔法の昆布のような、素晴らしく示唆に溢れた本も世の中には存在する。そのような本とは本当に長く付き合える。折に触れて、あなたを助けてくれ

る。筆者の自宅にも、こういった本は何冊かあるが、仕事で煮詰まったときなどに必要な章だけをさっと読み返すと、いつでも目から鱗が落ちるような思いをするものだ。

このような本に運よくめぐり合うためにも、できるだけ効率的に本を読み飛ばして、多くの本と接する機会を持つことが必要なのだろうと思う。とにかく、年を追うごとに自分の時間は減っていくのだから。

第2章

MBA的課長術

7　部下からの〝報連相〟は3つのポイントにまとめる

部下に気持ちよく働いてもらって、最大限の力を発揮してもらうために

個人的には好きな言葉ではないが、「報連相」という考え方がある。課長にとって、自分の部下からの「報告、連絡、相談」を受けることは日課。でも、この報連相が重要なコミュニケーション手段であることは分かってはいるものの、結構難しいなあと実感している課長は多いのではないだろうか。

そもそも、何で課長には部下がいるのだろうか。答えは明らかで、自分一人では課のすべての仕事をこなすことができないからだ。そして、課長は自分の部下を管理して、課という組織で仕事を進めて、結果を出すことが役割として求められている。

部下に対する仕事の任せ方にもいろいろある。例えば自分が非常によく分かっている分野の仕事であれば、細かく指示を出して仕事をさせることで、部下の仕事も結構スムーズにまわるだろう。自分の過去の経験、業務の知識をフルに応用して、部下を自分の分身にして、あなたの代わりに仕事をさせるという考え方だ。

しかし、このやり方では組織としての力を発揮することにはならないし、第一、単にあなたが過去に経験したことや、知っていることを指示して完結するような、そんな簡単な仕事は存在しないだろう。また、自分のクローンが5人いても、変化の激しい今の時代に、求められている新しく革新的なアイデアが生まれる可能性は低い。

それに、単に「あーしろ、こーしろ」といった指示を出すだけのスタイルで、部下に仕事をさせていてはモチベーションも相当低下してしまうはずだ。自分が過去に、そのようなスタイルの課長についてしまったとき、どれだけつまらなかったか思い出してほしい。

やはり、部下本人が担当の仕事にオーナーシップを持って、自分で創意工夫をしながら結果を出す楽しさを味わってもらい、気持ちよく働いてもらうためにも、担当する業務に関してはあたかもミニ・プロジェクトリーダーのように働いてもらうことが必要だ。

また、いくら課長といっても、自分の課の仕事について何から何まで知っているわけではない。自分に知識や経験のない領域の仕事については、その分野に詳しい部下の助けがないと仕事は進まないのだ。いきなりこれまでとは違った部署の課長に就任してしまったケースでは、この傾向はさらに強くなる。

実は、筆者自身も課長なのだが（執筆当時）、「部下」という言葉自体が好きではない。彼らは課長の道具ではなくて、あくまで一緒に仕事を進めるパートナーだと考えているからだ。もちろん、社内でのポジションは課長のほうが上だし、その分背中に背負っている責任が重いのも事実。とはいうものの、やはり部下と一緒に考え、お互いの強みと弱みをうまく補完しあって働くことで、最大限の付加価値をつけられるようにしたいと常日頃から考えている。

共に考えながら働くスタイルの場合、単なる指示出しスタイルよりも、頻繁にコミュニケーションをとりながら仕事を進めていくことが必要になってくる。結果として、部下からいろんな情報が入ってくるようになるわけで、うまく交通整理をして頭に叩き込みながら、どんどん処理をしていかないと、情報の山に埋もれて自分の時間がなくなっていってしまう。これでは、自分が本来やらなければならない仕事も進まない。

さて、本章では、どのようにしたらパートナーである部下と効率的にコミュニケーションをとりながら、課長として最大限の付加価値が付けられるかについて考えてみよう。

すべての部下の、すべての報連相の内容を把握するのは不可能だ

「佐藤君、A社への提案は、どんな感じで進んでる？」

「あ、課長。実は、昨日担当の部長に会って来たんですけど、どうも最近売り上げが落ち気味だっていう話で、しかも、社長が忙しくて相談できないんだそうです。

それと、うちのソリューションだと、ちょっと思っているのと違うところがあるらしいのと、よそからもっと値段の安い売り込みがあるそうで。でもうちの製品開発部はその値段だと対応できないって言っているし、最近はB社さんから頻繁に問い合わせの電話が入ってきて、今日もこれから行ってくる予定なんですけど、今月の目標は何とか達成したいんで、課長からアドバイスが欲しいんですよ」

佐藤君は、非常に熱意があって毎日昼間は顧客開拓に汗を流し、夜遅くまで頑張って提案書作りに励んでいる。各営業先については詳細までよく理解できているし、頼れる部下だ。しかし、この佐藤君からの報連相に一つひとつ答えていたら、いくら時間があっても足りない。次の部下からの報連相が待っているし、課長会議の時間も迫っている。こんなとき、仕事を任せてやる気を引き出すことが大事だと分かっているけど、ついつい説教モードで、頭ごなしに指示を出したくなったりはしないだろうか。

この佐藤君からの報連相の例は少々誇張してあるが、部下の話は要点がまとまっていないことが多い。理由は簡単で、彼らは話の詳細まで知りすぎてしまっているので、本人も一体何が問題で、どうしたらよいのか自分でも分からなくなってしまっているのがその原因だ。つまり、いろいろな項目を構造的に整理して考えないで、並列で考えてしまっている。おもちゃ箱のなかに、とにかく何でも突っ込んでしまっているようなものだ。

もし仮に、課長であるあなたが佐藤君と同じ視点で話を始めてしまったとしたら、2人仲よく出口のない迷路にはまってしまい、時間はどんどんと過ぎていく。自分がよく知っている分野ならまだ勘所が働くだけに、何をしたらよいか運よく分かるかもしれない。しかし、自分にまったく知識のない内容を部下が担当していたとしたら、同じ視点で詳細まで理解しようとするとますます泥沼にはまってしまうだろう。

部下がどんな状況に直面しているのか、そしてそれらを整理してあげて、何をしたらよいのか指示してあげることが、課長としての役割だ。よほど仕事をさぼっている部下でなければ、担当業務に関しては課長の数倍の現場ネタを持っている。何しろ、最前線でたっぷりと時間を使ってくれているわけだから。

実際の現場で何が起こっているのか、何がボトルネックになっているのか、きちんとポイントに分けて整理することができれば、現場ネタは解決策を見つけるための武器になる。そのためには課長であるあなたは、ぐっと頭を使って、部下の話から何がポイントなのかを抽出することが必要になってくる。

キーワードは「マジック・ナンバー3」

MBAではよく「Magic Number 3」という表現を耳にする。人間が理解し、覚えられるのは3つまでという意味だ。言われてみれば、たしかに5つの項目を一度に考えたり覚えたりするのは大変な作業だが、3つまでなら何とかなりそうだ。この人間の習性を使って、とにかく何でも3つのポイントに無理やりまとめてしまう習慣をつけてみよう。

これらの作業は、課長にとって相当ハードなトレーニングになるはずだ。何しろ、部下の報連相からネタは次々と出てくる。それらを把握しながら、常に脳みそのCPUをフル回転させて、ポイントの整理をしていないといけないわけだから。

しかし、これができるようになると、あなた自身が自分の課の動きを効率的に把握できるようになる。例えば、佐藤君はAとBとC、鈴木君はXとYとZという具合に、それぞれ何をしており、どんな問題に直面しているのかを、3つのポイントで整理して覚えておくことができるようになるからだ。結果として、普段の報連相コミュニケーションもスムーズになるはずだ。

それでは、先ほどの佐藤君にもう一度登場してもらい、どのように3つのポイントにまとめる手法を使ってお互いの頭を整理したらよいか考えてみよう。

まずは彼からの報連相を受けながらディスカッションを進める前に、課長であるあなたが簡単に3つのポイントで話を進めるようにアドバイスをしよう。具体的には、こんな感じの切り出し方がよい。

「佐藤君、A社の件なんだけど、たぶんポイントは3つぐらいあると思うんだよね。まず初めに、A社への提案活動で何が起こっているのかっていうことでしょ。2つめには、一体何が問題になっているのか。そして3番目のポイントとして、これからどうしたらよいのかということ。この順番で議論をしていこうよ。それじゃあ、最初の何が起こっているのか、から始めようか」

佐藤君が一生懸命説明を始める。きっと彼は結論からではなく、詳細な事象から話を始めてしまうだろう。そんなときは、ある程度彼が話をした所で、このように切り出そう。

「つまり、いろいろと提案はしているし、A社にもうちのソリューションを買いたいっていうニーズはあるけど、いくつかの問題があって、まだ受注できていないってことだよね」

次に2つめのポイントである何が問題なのかについて話を進めよう。彼の説明を聞いたうえで、「ということは、価格の問題と、技術の問題、そして佐藤君が忙しくてなかなか対応できていないっていう3つのことが原因で、まだ受注できていないってことだよね」と要点をまとめ、彼自身もこの3つが問題なのだと感覚的に理解できるか確認しよう。

お互いにこれで納得できたら、次に最後のポイントである対応策について考えよう。

「それじゃあ、3番目のポイント『どうしたらよいか』について考えてみようか。まず、価格対応はどれぐらいにしたらよいのかについては、A社からもう少し具体的にいくらだったら受け入れ可能なのかを聞き出すのが必要だろうね。技術的な問題に関してはA社の要求にどこまで応えられるのかを技術部の担当者と話し合う。それで対応が可能そうだったら、再度プッシュ。そのときは僕も一緒にA社に行って、セールスを手伝うようにする。もしもだめそうなら、受注の可能性が高いB社に佐藤君の時間を使ったほうがいいだろうね」。

このように整理をすると、きっと佐藤君はいつものとおり自信を持って営業に出かけて行ってくれるだろう。

最後にいくつかティップスを紹介したい。まず最初に、部下の報連相を受けるときに、頭ごなしに怒り倒したり、理屈で詰めたりしないようにしよう。これは報連相をベースに問題を解決するアプローチにとってはまったくの逆効果だ。何よりも、部下は萎縮してしまうだろうし、せっかく彼らが豊富に持っている現場ネタを課長に隠そうとするようになる。ネタがなければ問題点の整理もできないし、解決策も見えてこない。仮に実績が上がっていない部下であっても、そこはぐっとこらえて彼らが持っている面白いネタを聞き出す努力をしよう。

次に、うまく解決策が見えたからといって、それを課長だけの力でできたとはけっして思わないことだ。これは部下が現場ネタを提供してくれ、そして議論に参加してくれたからできたこと。自分が全部やった、などと思うのは愚の骨頂だ。繰り返しになるが、部下はあなたのパートナー。二つの脳みそを組み合わせることで、仕事はうまくまわっていく。

最後に、課長の所に行って報連相をすると、頭がすっきりして、何をしなければならないかがクリアに分かると思われるようになれば合格だ。そうなることで、コミュニケーションのサイクルは格段に効率的に回転するようになってくる。そしてまた、三つのポイントに整理して考える頭の使い方に部下もだんだんと慣れてくる。結果として、あなたの課の生産性は飛躍的に向上するはずだ。

ここまでくれば大成功。考えて仕事をする部下が増え、あなたは課長としてさらに付加価値をつけられる仕事に自分の時間を割り振れるようになってくる。
さあ、早速今日から3つのポイントにまとめる手法を実践しよう。

8　何でも時間をかければよいってわけじゃない

時間があるときにかぎって、結果が出てこない

長い長い会議。いつまでたっても答えは出てきそうにない。もう1時間も前から同じような話題で堂々巡りを繰り返している。あるいは一人で作業しているとき。企画書をまとめないといけないのに、さっきから1行も進んでいない。完全に煮詰まってしまってお手上げ状態……。

5分程度の隙間時間を利用して、さっと考えるための準備はできるようになったのに、いざじっくり時間をかけて考えようとすると、実はやっぱり駄目。なかなか進まず結局時間を無駄にしてしまう。誰でも経験することだ。

瀬戸際にならないと本腰が入れられないといったメンタルな問題もあるのだが、

そういったこと以上に時間を無駄にしてしまう原因がある。マクロ経済学で習う「収穫逓減の法則」という、生産性低下に関する傾向だ。簡単に言ってしまうと、時間や資源をどんどんつぎ込んでも、徐々に生産性は下がっていくということ。

ＭＢＡ修得者は時間の使い方がうまい。これは、収穫逓減の考え方が身についているというのも理由のひとつだ。生産性が下がってきたら、さっと切り替えて次のことに取りかかる。あるいは生産性を上げるために、ちょっと目先の作業を変えてみるといった手法をうまく使っている。

本章では収穫逓減に関する考え方と、時間を効率的に使って頭をフル回転させる方法について紹介しよう。時間をうまく使うことができずに、なかなか仕事が進まない吉田課長に登場してもらって、具体的にどうしたらよいのか考えてみたい。

どんなに時間をかけても、生産性は逓減していく

吉田課長は大手スーパーマーケットチェーンの本社で店舗開発・管理の課長をし

ている。ここ数年来、店頭での価格は下がりっぱなしで、収益性は悪くなる一方だ。そんな折に、直営店のコスト削減案について企画をまとめるようにと上司から宿題をもらった。

隙間時間をうまく使って、瞬間的に頭を使う技は彼も身につけた。数日前に、コスト削減について考えるためには、店舗の家賃や水道光熱費などの直接コスト削減方法と、販売促進費や広告宣伝費などの間接コストの削減方法についてシミュレーションをすることが必要というところまでは、さっと考えて手書きのメモにまとめてある。

ところが、いざコンピュータに向かい、表計算ソフトを使ってシミュレーションをしようとすると、なかなか作業が進まない。何でもかんでも一人で抱え込んでしまって、だんだんと自分が何を考えているのか分からなくなってしまう。シミュレーションをするためには、数多くの前提条件を設定しないといけないのに、自分が知らないことについても、うんうんとうなって考え込んでいる。さっと誰かにヒントをもらって作業を進めることができずに、すべて一人で解こうとして、悩みまくってしまっているのだ。

さて、冒頭でも紹介した収穫逓減の法則だが、この吉田課長の時間の使い方は、まさにこの典型例だ。それでは、この収穫逓減の法則について、より具体的な例を使って見てみよう。

ある工場に50人の労働者が働いていて、月間10万本の缶飲料を生産しているとする。生産量を増やそうと思って従業員を2倍の100人に増やしたとしても、生産量は必ずしも20万本にはならない。なぜなら、工場のキャパシティに限界があるからだ。どこかで必ず無駄が発生する。ある生産ラインは一人の従業員で十分担当できるのに、もう一人追加で従業員が担当としてついたところで、作業量は2倍にならないといった事態が、いろいろな場所で起こるようになる。

結果として、生産量は2倍にならないどころか、生産コストも上昇してしまうだろう。難しくいうと、追加投下資本と生産量の関係は必ずしも比例せず、逆に同じ量の投下資本における単位当たりの生産量は減っていくということだ。ここでの投下資本は資金や労働力だけでなく、時間そのものも含まれる。

人間が何かについて考えるのでも同じ傾向がある。頭を使う時間を倍にしたところで、何も工夫をしなければ、単位時間当たりの生産できる考えやアイデアは逓減していくのだ。吉田課長の時間の使い方はこの典型例。自分の頭と、それまでに集めた材料を使って、いくら考える時間を増やしたところで、考えが進化する可能性は悲しいくらい低い。

読者の皆さんもすでに体験済みだと思うが、人間の瞬発的な頭の回転は恐ろしく速い。最初の5分や10分で考えられることは多く、本当にすごい勢いで脳みそがフル回転した場合、たった数分で問題が解けてしまうことだってある。一方で、次の5分、その次の5分で考えられることはだんだんと減っていく。

今回登場してもらっている吉田課長の場合、各コストが現実的にどの程度まで削減できるのかという材料なしに、いたずらに数字をこねくりまわしている。そして結局、どの試算が正しいのか確信が持てずに、また何となく数字をいじりまわして時間を浪費してしまっているのだ。また、コスト削減のためにはどんなアクションが必要なのかについてもよく理解していない。これでは、いくら時間をかけて考えてみたところで、考えが進化するはずもないだろう。

経験的に言って、30分間考えても煮詰まって頭の回転が止まるようだったら、すでにあなたの脳みその生産能力は限界にきている。まるで、労働力と資源を限界まで使ってフル生産体制になっている工場のように。限界を超えるためには、何かしらの工夫が必要だ。例えば、より多くの製品を生産できるように工場の生産設備を拡張する、新しい機械を導入して生産性を向上するといった対策を打って生産力をアップするように、脳みその回転力を高めるためには、やはりいろいろと手を打たないといけない。

考える能力を高めるためには、頭の回転の〝おいしい部分〟を使う工夫がいる

さて、吉田課長が自分の考える能力をフルに使うためには何をしたらよいのだろうか。彼の仕事の進め方を見ていると、時間の使い方が下手なだけでなく、頭の刺

激の仕方についても間違っていることが分かる。

自分の脳みそだけをフルに回転させても、考えられることはたかが知れている。分からないことがあったら、まずは知っている人に聞きにいって、考えを前進させるための情報をもらいにいくことが大切だ。あるいは考えに行き詰まったら、いったん自分一人で考えるのを止めて、誰かにヒントをもらいにいくことで、次に何をしたらよいのか自然と見えてくる。

例えば、吉田課長の場合、店舗家賃の削減に関するシミュレーションをする場合、とりあえず現状からの30%削減ぐらいかなといった、ざっくりとした感覚をもとにした数字を作ってみるとよい。そのうえで、その30%という目標数字が現実的かどうか、また仮にそこまでコスト削減をするのであれば、具体的にどんなアクションが必要なのかを、ちょっと時間を作って社内のエキスパートを訪ね、聞いてしまえば済むことだ。そして、社内エキスパートとディスカッションをすることで、自分では考えもしなかった新しい材料をもらうこともできるだろう。

結果としてシミュレーションはどんどんと精緻な内容になっていくし、自分だけでは考えつかなかったようなアイデアが溢れてくるはずだ。一人でうなっていてもこうはいかない。自分の頭が一番おいしく回転する短い時間を利用するためには、刺激をくれる情報をたえず取り込んでいく努力が必要なのだ。

仮に、社内エキスパートとディスカッションをするまでに少々時間が空くのであれば、ほかの項目について、同様にとりあえずの数字とそのロジックを作る作業に移る。例えば、水道光熱費に関する試算、販売促進費の仮定といった内容について、まずは自分の感覚で仮の数字を入れてしまうという作業だ。さっと気持ちを切り替えて、短い時間で違うことを次々とこなすことで、頭が動くおいしい時間帯を継続して使うことができるだろう。

また、同じ作業に長時間取り組んでいると、やっぱり飽きてくるものだ。だんだんとモチベーションは低下してくるし、そうなると集中力も落ちてくる。結果として、頭の回転も鈍ってきて、だらだらと同じような作業を繰り返しながら行ったり来たりするようになってしまうだろう。このような最悪の頭の使い方を避けるためにも、新しい刺激は必要だ。

もちろん、刺激は社内エキスパートから意見を聞くだけにとどまらない。資料に目をとおす、参考文献を斜め読みする、ウェブサイトで関連する情報を調べるといったことから、いくらでも刺激は得られる。そして、刺激を得たあなたの脳みそは、自分でも気持ちよいくらいに回転し始めるだろう。このような自分の〝脳力〟の高さを実感することで得られる満足感は、高いモチベーションと集中力をもあなたに与えてくれるはずだ。

さて、収穫逓減によって頭の回転が落ちてしまうことを避けるのは、何も自分一人でしこしこと作業することだけにかぎらない。例えば、だらだらと続いてしまう会議でも同じような手法で煮詰まりを避けることは可能だ。

まず会議が始まる前には、出席者の頭を刺激できるような材料を用意しておこう。準備に時間をかける必要はなく、簡単な手書きの一枚や、分析結果だけでもよい。これだけでも、何も持っていかずに口だけで説明するよりは、はるかに参加者の脳を刺激できる。また、いくら時間をかけても解決策が出ないときは、その会議をさっと切り上げ、新しい材料集めをみんなで分担し、数時間後にまた集まる手配をしよう。こうすることで、次に集合したときは、別の刺激が参加者全員の頭に与えられて、複数の脳みそがいっせいに回転し始める。これならば、解決策が生み出される可能性は高くなるだろう。

ビールは最初の一杯がうまい。我々の脳みそも、新しい刺激に触れた最初の数分間は、恐ろしいぐらいのスピードで回転する。ぜひとも、このおいしい時間を使って効率的に仕事を進めたいものだ。

9 考えるときは手を動かせ／ホワイトボードを使おう

考える能力は大したものだが、それをうまく引き出すのは意外と難しい

普段仕事をしていると、ふとした瞬間に神様が降りてきて、突然素晴らしい企画を考えつくことがある。そんなときに「我ながら、素晴らしい頭の回転力だ」と実感することは結構あるのではないだろうか。課長まで昇進できる人材であれば、このような発想力が本能的に備わっていることは容易に想像できる。

ところがせっかくの素晴らしい内容も、書きとめておかないといつの間にかどこかに消えていってしまう。人間には次から次へと忘れていってしまう悲しい性質があるらしい。おかげで、つらい経験も時間とともに忘れていけるといった恩恵に授かっているのは確かだが、仕事的にはデメリットのほうが多い。どうにも、考え

る作業と記憶する作業は別のことらしい。ついつい思いたくなってしまうぐらい、いろいろなことを忘れていく。だからこそ考えたものはきちんと整理して、何かに記録しておかないと、せっかく使った頭が無駄になってしまう。

また、書きとめておくことによって、脳みそを再度ぐりぐりと回転させることができるのは確かだ。考えついた内容をまとめたものが材料になって、また新しいブレークスルーがやってくる可能性は高い。このように「考える」「書く」「また考える」といったプロセスを繰り返すことで、アイデアはどんどんと進化していく。

さて今回は、考えるときはどうやって手を動かしたらよいのか、そしてその応用として、会議でホワイトボードを使って、どのように複数の脳みそを回転させ、素晴らしいアイデアを引き出したらよいのかについて考えてみよう。

頭を回転させるために、どうやって手を動かしたらよいか

まずは材料を集めよう。何が分かっているのか、つまりどんな情報を今の時点で

持っているのかについて、目の前に並べておく作業が最初のステップで必要だ。関連する資料であれば何でもよい。とにかく頭を刺激する材料を山のように集める。もちろんすべての材料が使えるわけではないが、何もないところから何かを生み出すのは、よほどの天才でないかぎり難しいのは、他の章でも述べたとおり。

次に集めた材料を使って考える。しかしながら、ただ単純にぼーっと資料を眺めていても駄目。何か面白いことを発見できないか、何かすごいビジネスのアイデアが浮かんでこないか意識しながら、次々と斜め読みしていくことが大切。頭の中の一点がキーンと冴え渡っているような、それでいて次々と情報を吸収していく感じの脳みその使い方をするような感覚を持とう。

もちろん、ただ闇雲に考えても実際には頭は回転しないし、よい発想は浮かんでこない。「どうしてなんだろう（why）」「この結果からうちの会社は何をしたらよいのだろう（so what）」という2つの点について絶えず意識しながら、ぐりぐりと材料をいじりまわすことで、下ごしらえの作業は進んでいくのだ。

例えば、新商品開発に関して考えをまとめるときは、まずは顧客アンケート結果や、グループインタビューのサマリーメモを目の前に用意しよう。それらの分析結果のグラフやコメントからどのような「why」と「so what」が引き出せるか、ちょっとだけ頭の柔軟体操をしてみる。

すると、徐々に頭がスピードを上げて動き出し始める。まるで、目の前に並べられた材料から、料理人の創作意欲が刺激されて、献立についていろいろとアイデアが浮かんでくるように。

あなたは料理の鉄人ならぬ、仕事の鉄人なのだ。それぐらいの意識で資料を読み込みながら、あれこれと考えていこう。

そして、考えついたことはとにかく書きとめておく。具体的には、考えが浮かんだ材料が載っている資料にがしがしと書き込んでいく。このときに、青や赤の色がついたペンで、後から読み返せる程度にきれいに、しかしすばやく書きとめていくようにしよう。後から読み返したときに、すぐに考えた内容を見つけられるように。よって、資料は白黒でコピーのほうがよい。こうすると、コントラストがついて非常に分かりやすくなる。

つまらないことでも、書きとめる。せっかくあなたの頭が回転して、アウトプットを出したのだから、無駄にしてはもったいない。そして、その作業を繰り返していくうちに、スカッと気持ちのよいアイデアが浮かんでくる。いわゆるブレークスルーの瞬間が訪れるのだ。

また、考えて書きとめる作業をしながら、足りない情報は何かについてもリストアップしておくとよい。頭が回転して考えが進化すると、次のレベルの情報が欲しくなっていくものだ。例えば、目の前の資料から、こんなアイデアが浮かんできたけど、これがうまくいくかどうかについては、さらにこんな情報が必要になってくるな、といった内容などだ。

具体的に、カップ麺の新商品を開発するときのことを例に考えてみよう。まずは、どんな商品がこれから受けそうなのかについて、消費者意識調査データや顧客インタビュー資料、現在の商品別売り上げ推移などの資料を大量に集めて考えてみる。例えば、消費者意識調査から、今後は健康志向に応える製品だけでなく、環境にやさしい容器を使っていることが、購買の要素に入ってきそうだといった内容が見えてきたとする。また、顧客インタビューからは、自社製品はスープの味を気に入って買っている顧客が多いのと、ぜひ有名店のスープを使った製品を発売してほしいとの声が多いことが分かった。自社製品の売り上げ傾向からも、スープの味を前面に押し出した商品の売れ行きが好調だ。

こういった状況から、ヘルシーなスープで有名なラーメン店と共同開発した製品を新しく売り出すといったアイデアが生まれてくる。一方で、競合他社の新製品発売プランがどうなっているかについては、手元に情報がないとする。この情報が分かれば、マーケットのホワイトスペースがどこか分かるし、あなたが考えたアイデアが、そこにはまるかどうかが分かる。よって、次のステップに向けて必要な情報が何なのか、明らかになってくる。

実際にはこんなに簡単な作業ではないし、専門スタッフが分析モデルなどを使って作業を進めるのだろうが、根本的な頭の使い方は同じはずだ。

ホワイトボードは使える武器だ

会議のとき、あるいは数人で何かについてブレーンストーミングをするときにも、基本的には一人で手を動かして考えるのと作業は同じだ。まずは参加者全員で情報を共有するために、関連資料を配り、ホワイトボードに項目を書き出そう。せっかく複数の人間の脳みそが集まっているのだから、うまく刺激を与えてできるだけ激しく回転してもらわないともったいない。口頭で説明しても、なかなか内容は伝わりにくいし、結果として情報を共有することだけでタイムアップになってしまっては、何のために集まったのか分からなくなってしまう。

ところで、会議のときには一人で考えるのと違って、できるだけ配る資料はシンプルにしたほうがよい。あまり大量の関連情報を資料で配ってしまうと、議論が拡散してしまう恐れがあるし、各自が資料を読み込むことに専念してしまって、なかなか議論が始まらないといったことが起こり得るからだ。そんなときこそ、ホワイトボードに材料を書き出しておこう。会議に参加しているメンバーの意識は、ホワイトボード上の項目に向かって集まってくるし、同時に頭が動き出すからだ。

例えば、「次の社員旅行でどこに行って何をしようか」といったソフトな内容についてブレーンストーミングをする場合について、どのように会議を進めていったらよいか考えてみよう。

まずは、これまでに行った場所と何をしたのかについて、ホワイトボード上にリストアップしておく。何がテーマだったか、何をしたか、どんな行事が受けたか、参加者に思い出してもらいながら、過去についてまとめてみる。たとえば、数年前の温泉卓球大会は非常に盛り上がったなど、どんどんとホワイトボードに書き出していこう。

次に、リストアップされ、いろいろな関連情報が盛り込まれたホワイトボードの内容を、何らかの枠組みで整理してみると面白いことが発見できる。例えば、これまでの社員旅行は、観光重視系社員旅行や、ゲーム参加型社員旅行、トレーニング系社員旅行、そして癒し系社員旅行の4つに分類できて、そのなかでもゲーム参加型と癒し系の2つが特に成功した、といったような感じにまとめてみる。より具体的には、ホワイトボードの余白か、次のページを使って、このようなことをまとめてみよう。これで、リストアップされた内容が整理されて、次に考えるための準備ができてくる。

次に、これまでの成功事例を踏まえたうえで、今年はどんな内容で社員旅行をするのか、ブレーンストーミングをスタートする。去年から新しいスタッフが入ってきているが、普段は別々に仕事をしているので、お互いに親交を深めることを目的としよう。あるいは、年度末の目標達成に向けて、一体感を醸成させることを目的としようといったことから、議論を始めるとよい。

そして、具体的にどんな社員旅行にするのかを考えるときに、ホワイトボードにまとめた内容が役に立つ。過去の成功事例を踏まえ、今回もゲーム参加型&癒し系で催しものの内容を作り上げていくのか。それとも、これまでに取り組まなかった、まったく新しいテーマやアトラクションにトライしてみるのか。

どちらにしても、「なぜそう考えるのか」「ではどうしたらよいのか」といった内容について、ホワイトボードに書かれている材料を見ることによって、ブレーンストーミング参加者の脳みそが刺激され、きっとよいアイデアが出てくるだろう。

ここでひとつティップスだが、ホワイトボードは、そのままプリントアウトできるタイプのものを使うと多くのベネフィットを享受できる。会議が終わった瞬間に議論の内容をすぐさま印刷して皆で共有できるし、コピーを取って持ち帰ることで、また次の機会に議論を発展させるための下準備ができるからだ。また、ホワイトボードに書き込むときも、あとで書き写さなくてよいので、気兼ねなくいろいろな内容を盛り込むことができる。これもまたプリントアウトできるホワイトボードのメリットだ。

さあ、うまく手を使うことで、考える潜在能力を最大限に引き出そうではないか。

10 「言わない」のは「考えていない」のと同じ

言わない＝考えていないと思われるＭＢＡの世界

ＭＢＡの学生はとにかくよく喋る。もともとアメリカ人はよく喋るタイプが多いと思うが、アメリカ以外の各国からやってきたクラスメートも、それに輪をかけてマシンガンのように喋り倒すぐらいの迫力があって、とにかく最初は圧倒されてしまう。特に、「男は黙って勝負しろ」といった格言を胸に育ってきた日本人には、異様な感じがするくらいの世界だ。

そうは言っても、それがＭＢＡのルールであれば、何とかがんばって喋るように自分を変えていかないとサバイブできない。なぜなら、喋らない、何も言わないというのは、「僕は何も考えていません」とみなされてしまうからだ。つまり、黙っているということは、僕は頭が悪くて皆さんの言っていることが理解できないのです、だから何も考えられないし、何も言えないんですという致命的な欠陥を持つ人間だとまわりから思われてしまうということ。まったく、たまったものではないが、これが世界のビジネス界におけるルールなのだ。

特に、授業ではアグレッシブなアメリカ人に割り込んで、つたない英語で緊張しながらも発言しないと、クラス参加点がもらえない。授業によっては、このクラス参加点が成績の半分以上の割合を占めることもあるし、もはや沈黙は美徳という言いわけは通用しない。意見を言わない生徒は、クラスに貢献していないというレッテルが貼られてしまい、当然成績ももらえない。いやはや思い返すだけでも苦しい日々だ。

とはいっても、やっぱり人間は順応する動物で、多少の個人差はあれ、日本人MBA学生も無理やりいろいろと自分の意見を言う癖がついてくる。英語は言葉を次々とつないで、まくし立てるように喋ることができる文法構造になっているので、ベタベタの日本人英語でも立ち向かえるようになってくるのだ。

ところで、慣れてくると、喋ること、自分の意見を言うことのメリットの多さに気がついてくる。何よりも、喋るためにきちんと頭を使って考える習慣がつくのが最大のメリットだ。

さて、本章では、単に意味のないことを喋るのではなく、何か大事なことを言うためにはどうしたらよいのか、そして会議のような機会でそれをどう活用したらよいのかについて考えてみたいと思う。

とにかく、考えたこと、思ったことは発言しよう

ふと、何かを思いついたとしよう。例えば、新しいアイデア「今の管理手順をこんなふうに改善したらよいのではないか」、あるいは数日前に出たミーティングでの議論に対するあなたの新しい意見といったものだ。さて、あなたならそんなときどうするだろうか。

まずは、ちょっとだけ時間を使って考えよう。なぜそのアイデアやあなたの意見

がよさそうに思えたのか。けれど、ここであまり時間をかけすぎてはいけない。思いついたモヤモヤとした考えのかたまりを言葉に変換して、相手に内容とその理由が少しでも分かる程度まで下準備ができたらそれで十分だ。記憶は一瞬のうちにどこかに飛んでいってしまう。早速伝える作業に移ろう。

例えば、同僚や上司といった議論の相手がまわりにいたら、「ちょっと1分いい？」と切り出して、すぐに話し始める。そこで考えのポイントと、まだ生煮えのロジックを伝える。すると、相手の頭も動き始めて、意見がもらえる。あなたの考えについてどう思うのか、その根拠についてどう考えるのか。こうして複数の脳みそを回転させることで、ふとした瞬間に思いついたアイデアが、すごい内容に進化する可能性が高まるのだ。

もしもそのとき、考えたことを伝える相手がまわりにいなかったとしたら、彼らのボイスメールや留守番電話にメッセージを残しておこう。もちろんこれで返事が必ずもらえる保証はないが、少なくとも彼らの頭には内容がインプットされる。時間をみて、また後から意見をもらいにいくときに、まずは内容を説明する手間が省ける。

例えば、部下に対して「よくやっているな」と思ったときや「こうしたらいいな」とアドバイスを与えたいときは、少しだけ何をどう言おうかを考えてから、すぐにでもフィードバックしよう。言わなくても分かっているだろう、という考えは捨てたほうがよい。日本人同士なら感覚的に分かる、あるいは態度から理解できるだろうというのは、実は結構誤解だったりするからだ。

例えば、どんなに仲がよい友人や恋人同士、夫婦であっても、やっぱり真意がそのまま伝わることはあり得ない。ましてや、会社の仲間や部下であればなおさらだ。やぼなアクションだと感じたとしても、とにかく言おう。言わないことは、きちんと部下のために頭を使って考えてあげていない証拠だと自分に言い聞かせて。

皆さんにも経験があると思うが、何かを考えついたときは、それを持ちネタとして隠し持っておいて、必要なときになって宝刀を抜こうと考えてしまうことがあるのではないだろうか。すごそうな新しいアイデアを考えたときなどは、特にそう思うものだ。しかし、一人で抱え込んでいては、誰かにそれを話して、相手からさらにそのアイデアを磨き上げるようなヒントをもらって、その持ちネタを本当にすごいアイデアにブラッシュアップさせるチャンスは消滅してしまう。とにかく、持ちネタは考えついたその場で使いきってしまおう。そうすれば、また次に向けて考えようと思うものだ。そしてまた、誰かからヒントをもらってすごいアイデアに仕立て上がったとしても、やっぱりそれはあなたのアイデアなのだ。

とはいえ、あなたが考えついたこと、知っていることを議論の相手をしてくれるパートナーに全部話せばよいというわけでもない。話す内容はきちんと整理し、必要な情報を選び出してから話をしよう。

例えば、新しいアイデアを思いついたとき、その背景や必要性について延々と話す必要はまったくない。背景1行、アイデアの内容1行、その根拠について1行の、合計3行分の内容を喋ればことは足りるはずだ。もしも相手がそれだけの情報では頭が回転しないのであれば、あとから必要な情報を補ってあげればよい。例えばそれは背景そのものかもしれないし、根拠なのかもしれない。

また、自分が何かを考えたときに話し相手になってくれる人材を確保するためには、あなた自身も相手にとって話しやすい環境を作ってあげることが必要だ。例えば、同僚や部下があなたに相談に来たときは、たとえどんなにテンパっていても、できるだけ受け入れるよう普段から努力しておこう。より分かりやすく言うと、相手にとって「相談しやすい人」「話しやすい人」と思われるような雰囲気をいつでも醸し出すようにしておくことが重要だということだ。もしも本当に余裕がないときには、そう言えばよい。

発言しない奴は会議に出るな！

まずもって、会議は発言するための場所だと気合いを入れて臨むようにしよう。体中をアドレナリンで充満させて、リングに上がるボクサーのような勢いで参加する（ＭＢＡ時代にクラス参加が求められる授業に出るときには、まさにこんな気分だったのを思い出す）。この気持ちを持つだけでも、あなたにとって会議が有意義になる可能性は高まるだろう。

ただし、ただ闇雲に発言しようと思っても、頭が回転しなければ単なる雑音に終わってしまって迷惑なだけ。実りの多い会議にするためにも、事前に考えをまとめておくことは最低限しておかなければならない作業だ。具体的には、5分でよいから、会議でどんなことを発言しようか考えておく。会議の内容は事前にメールなどで知らされているはずだから、さっとそれに目をとおして、瞬間的に頭を回転させて簡単なメモか何かを作っておくとよい。あなたはほかの参加者から意見を求められる立場にいる。それが課長としてつけられる付加価値なのだ。

もちろん、会議は事前に予定していた内容だけで進んでいくことは少ない。予期しなかった内容や議論に発展していくことが普通だし、そのほうが建設的な会議だ。そうなった場合でも、課長としてきちんとまとまった意味のあることを発言することはできる。事前に準備するのと同様に、瞬間的に頭を回転させるという技を使いこなせれば発言できるはずだ。

もちろん、そのためには会議のなかで浮遊している情報や意見をもらさずにキャッチすることが必要だ。何も材料がないところでは、やはり頭は動かない。ぼーっとしていては、何も付加価値をつけられない。誰かの意見や、配られた資料で頭が回転し、何か考えが浮かんだら、すぐに発言するようにしよう。でないと会議のスピードにはついていけないし、じっくりと考えているうちに頭に浮かんだ内容を忘れていってしまう。考えの整理は、喋りながらでもできる。とにかく考えを吐き出す。そのために神経を張り詰めておく。

あるいは、何か考えが浮かんだら手元のノートにさっと書いておこう。そして、後からまとめて発言するという手もある。このほうが整理された内容を発言することができるし、慣れないうちは、この技のほうが成功確率は高い。要点がまとまっていて、論理構成がしっかりした話は、参加者から受け入れられる可能性も高くなるだろう。

こういった技を使って会議に出る習慣を身につけると、面白いように発言ができるようになってくる。そして、なぜほかの参加者はちゃんと考えようとしないのか、発言しようとしないのかと思うようになる。この段階まで成長できたら、次に気をつけないといけないことがある。

考えはまとまっていないが、とにかく発言しようとする熱意がある部下や同僚もいるはずだ。しかしながら、彼らはトレーニングを積んだあなたのようにはスパっと切れのよい発言がまだできない。そんなときにロジックで攻め上げてしまっては、せっかくの彼らのモチベーションを下げてしまう。

そう、考えがまとまっていないけれども発言する意欲のある人に対しては、高圧的にならないように心がけて、相手の意見をまとめてあげよう。「つまり、こういうことが言いたいのかな？」といった具合に。その発言が終わったあと、ポイントをまとめてあげることも、あなたの付加価値なのだと思いながら。

次回の会議が楽しみになってきたのではないだろうか。

11　ランチを何にするか決めるのも、考えるトレーニング

ランチを決めるのも結構面倒な作業だ

昼どきが近づいてくると、意気揚々とする人と、実はちょっとげんなりする人と、両タイプに分かれるのではないだろうか。オフィスのまわりに素晴らしいレストランのチョイスがあって、しかも自分の好きなようにランチを選べる人は、きっと楽しい昼食時間を過ごせるだろう。しかし、会社の仲間と一緒に、みんなの合意を取って、数少ない選択肢から食欲を満たす場所を選ぶというのは結構大変な作業だ。

本音を言えば、好き勝手にその日の気分に任せて、気の許せる仲間だけでランチに行きたい。ところが、課長という微妙な立場が災いして、部下や上司と一緒に行かないと何となく気まずい。それに、いつも自分の我をとおしてお決まりの店にば

かり直行してしまっては、それもまた能がない課長だと思われてしまう。加えて、「何を食べようか」と部下に聞いても「何でもいいですよ」という返事が返ってきたり、上司からは「どこかお勧めの店はないの？」と突っ込まれたりと、いやはや中間管理職はランチひとつとっても気が休まらない。

ＭＢＡでは、ランチであれこれと迷わずに済んだ。というのも、学校のカフェテリアはジャンクフードのフードコート的な作りになっているので、勝手に好きなものを買った後、仲間と固まって席に座り、脂ぎったとってもアメリカンなランチをガシガシと食べまくればよいだけだったから（しかし思い返すだけでもまずかった。あんな食事でストイックに勉強に入れ込めるアメリカ人学生を尊敬してしまう）。

ときどき、わけの分からない講釈をたれるクラスメートがいて、自分がなぜ今日そのまずいサンドイッチを食べる羽目になったのかをロジカルに説明してくれたりした。そのときは「こいつ大丈夫か!?」と感じたものだが、思い返してみるとたしかに彼の言っていることにも一理ある。つまり、ランチを何にするのかを決めることすら、ＭＢＡ的な頭の使い方のトレーニングにしているということだ。

さて今回は、ちょっと理屈っぽく考えてオプション比較のツールを使いながら、ランチを決めるプロセスで考えるトレーニングをするには、どうすればよいかみてみよう。

オプション出しがきちんとできれば、工程の半分は終了だ

まずは、本日のランチ参加メンバーから、選択肢のオプション出しをすることからスタートしてみよう。今日のメンバーは、山田部長、田中課長、今村君、そしてあなた小林課長の４人だ。山田部長は脂ぎったエネルギッシュな部長さんで、とんかつや天ぷらなどの揚げ物が大好き。隣の課の田中課長は麺類が好物で、ラーメン、うどん、スパゲッティと細長いものなら何でもござれ。そしてあなた小林課長は、エスニックフードの大ファンで、特に辛い料理には目がない。部下の今村君は今どきの若者には珍しく、魚が好きでよく刺身定食なんかを食べている。

このように、普段から誰がどんな食の好みを持っているか情報収集しておくと、選択肢のオプションが作りやすい。だからといって、毎回ランチの後に表計算ソフトにまとめるまでの内容ではないが、ちょっとだけ記憶力を高めるトレーニングを積んでおけばよいだけの話だ。

さて、ここでは3つの選択肢オプションを瞬時に考え出してみよう。具体的には、まずはあなたが外したくないアジアンフードの「亜細亜屋」がオプション1。ここならエスニック料理が充実しているし、麺類や揚げ物も揃っている。魚料理も結構あったはず。次にオプション2として、和食の「月丸亭」。ここも揚げ物とうどんはかなりいける。刺身納豆定食も人気メニュー。エスニック料理はないが、カレーうどんは濃厚で許せる辛さだ。そしてオプション3は、イタリア料理の「トラッテリア」。ここのパスタのアルデンテ加減は絶品だ。揚げ物はそれほどないが、どれもオリーブオイルたっぷりで山田部長の好みに合いそうだし、唐辛子をふんだんに使ったペペロンチーノは午後に会議がなければ満腹になるまで食べたいメニューだ。たしか、魚介類のパスタも充実していたはずだ。

このように、ランチ参加メンバーの好みを満たす、最大公約数的な選択肢オプションを3つぐらい出すことができれば、作業の半分は終わったも同然。もちろん今回の例のように、全員のニーズをそれなりに満たすことができる選択肢を、いつでもうまく3つ出せるとはかぎらないが、最大公約数的なオプションを複数用意することはそれほど難しい作業ではないだろう（例えば、参加者の7割がOKだと思えるレストランをリストアップするといった具合に）。

この瞬間オプション作業は、仕事でも応用範囲が広い使える技だ。いきなり最高最善の解決策を生み出すのは難しい作業だが、まずはうまくいきそうなアイデアを2つ3つ出してから、それらを進化させていくほうが、はるかに楽な作業だ。

では次に、考えついた3つのオプションのなかから、いくつかの評価基準をもとに各オプションを評価し、最終的にどこに行くか決めたらよいか考えてみよう。

次に、いくつかの基準で評価してみる。ベストチョイスはどこか

まずは、評価基準をいろいろとリストアップしてみよう。ここでは順不同の思いつきでよい。例えば、健康を考えてカロリーが低めのところがよいかな、あるいはゆっくりと話ができる店にするべきだろうか、またはちょっと気取って食べられるよう店の雰囲気を重視したらよいか、それとも味で勝負か、メニューの豊富さが重要なのか、最近足が遠のいている所に行ってフレッシュな気分になりたいなあ、などなど。とにかく、瞬間的に何をもって3つのオプションを評価したらよいのか、アイデアを考え出せばよい。

次に、さまざまな評価基準から、今日のランチで特に重要だと思われる3つの評価基準を選び出し、そのなかで優先順位をつける作業をしよう。この作業によって、一体3つのオプションのうち、どこに行ったらよいのかが明確に見えてくる。

一番目の評価基準は、やっぱり健康を考えたローカロリーなメニューが中心のレストランということになりそうだ。同僚の田中課長と、あなた小林課長は、最近の

健康診断でコレステロールの高さを指摘された。また、1カ月ぶりに日本に帰ってきた山田部長も、ここ数日ことあるごとに「いやーアメリカで脂っこいものを食べすぎちゃったよ。ダイエットしないとまずいわ、こりゃ」といった発言を繰り返している。4人中3人が該当するローカロリー食は、まずは最初に検討しないといけない点のようだ（今村君のことは検討されていないが、そもそも彼はローカロリー志向の若者だ）。

2番目に、ゆっくりと長居ができて話をするのに向いたレストランというのが評価基準になりそうだ。今日のランチ参加メンバーはとにかくみんな話し好きだし、山田部長がアメリカでの部長トレーニングから帰ってきたばかりなので、向こうで聞いてきた今後の会社の方針や戦略などの面白いネタを持っている。また、今村君と山田部長は、普段直接仕事をする機会も少ないので、こういったランチの席で交流するキッカケを作ってあげたい。それに、あなたと田中課長は、ひとつ相談しなければいけないことがあった。5分程度で済む話なので、ランチの最中に済ましてしまおう。

		亜細亜屋	月丸亭	トラッテリア
1	ローカロリーメニューが充実	○	○	×
2	ゆっくり長居／話OK	○	×	○
3	どれもそこそこ美味い	○	○	△

3番目には、かなりバラバラな食の嗜好にも対応できる豊富なメニューが、どれもそこそこ美味しいといった安定した味の質だろう。いくらいろんなメニューがあるといっても、あるものは飛びぬけて美味しくて、ほかのメニューはひどく味が落ちるという店では、わがままなくらい嗜好が違う4人の食欲を満たすことはできない。どのメニューもそこそこいけていることが重要な評価基準になるのだ。

と、ここで3つの評価基準が出揃った。それでは、先に出した3つのオプションをそれぞれの評価基準を使って、○、△、×で評価し、比較してみよう。

一目瞭然で、本日のランチはめでたくアジアンフード料理の「亜細亜屋」に決定ということになる。結果として、あなた小林課長自身が一番行きたい店に決まったわけでこれまたハッピーな結論となった。

このように普段からトレーニングを積んでおくと、あなたの考える能力は飛躍的に向上するはずだ。頭の中で、3×3のマトリックスを思い描けるようになるだけでも、相当な訓練になる。また、事前に考える時間がない状況下で、ここで紹介したステップの何分の一かでもできるようになれば、瞬間的な頭の回転力も相当アップするはずだ。

さあ、店に入ってからのメニュー選びも同じステップで考えてみよう、というのはちょっといき過ぎだろう。後は自分の好きなメニューを選んで、思う存分ランチを楽しめばよい。

12　「ハーマンモデル」で仕事の役割を決める

あなたは左脳型か、それとも右脳型か

よく「何々さんは左脳型だから論理的にものを考えるよね」とか、「何々部長は右脳型だから、感覚だけでものを判断して、困ったものだ」といった表現を耳にする。読者の皆さんも、自分の考え方の傾向から、「私は右脳型／左脳型だな」と、比較的簡単に分類することができるだろう。

一般的には、左脳型はロジックタイプでビジネスマン向き、右脳は感覚やヒラメキで勝負する芸術家向きという認識があるようだ。また、右脳型と左脳型の人間は相容れないところがあって、一緒に仕事をしてもうまくいかないという、誤解を招くような認識がされていることも多い。

実際には、両タイプはもう少し細かく分類できる。ネッド・ハーマンが考案した「ハーマンモデル」では、右脳型と左脳型をさらに2つに分類して4つのタイプに分け、それぞれの特徴についてまとめている。4つのタイプを分けることで、その人の考え方をより正確に認識することができるのは確かだが、この「ハーマンモデル」の狙いは、そういった性格判断の延長のようなものではない。それ以上に、創造力に富んだ組織を作り上げるためには、異なる考え方をする人が、お互いに足りない部分を補って仕事をする必要があると提唱しているのだ。

本章では、ハーマンモデルがどのようなものか具体的な例を使って考えながら、課長であるあなたがどのようにその考え方を応用して、組織力を高めていったらよいかみてみたい。

考え方の特徴から4つのタイプに分類

ハーマンモデルでは、まず脳みその使い方から右脳型と左脳型に分類したうえで、さらに「大脳系」と「辺縁系」に分類し、計４つのタイプが存在する。「大脳系」とは、簡単に言ってしまえば、とにかくあれこれ考えるのが好きなタイプ。世界標準クラスの課長になるために必要だと、本書で一貫して唱えている頭の使い方ができるタイプだ。

一方で、「辺縁系」とは、簡単に言ってしまうと、考えることよりも感じることを重視するタイプだ。これは別に「辺縁系」が劣っているという意味ではなく、例えば他人の気持ちを理解したり、きちんとものごとを管理したりといった、生きていくうえで必要な項目について感覚的に判断するタイプということ。大脳だけで極めて論理的にものごとを決めたとしても「それはいくらなんでも、受け入れられないよ」といった感覚的な判断が必要なように、「大脳系」と「辺縁系」はお互いに補い合う関係になっている。

では具体的に４つのタイプに分類した場合、それぞれどのような考え方の特徴があるのかみてみよう。

まず「左脳・大脳系タイプ」だが、このタイプは簡単に言うと、論理的に考えて

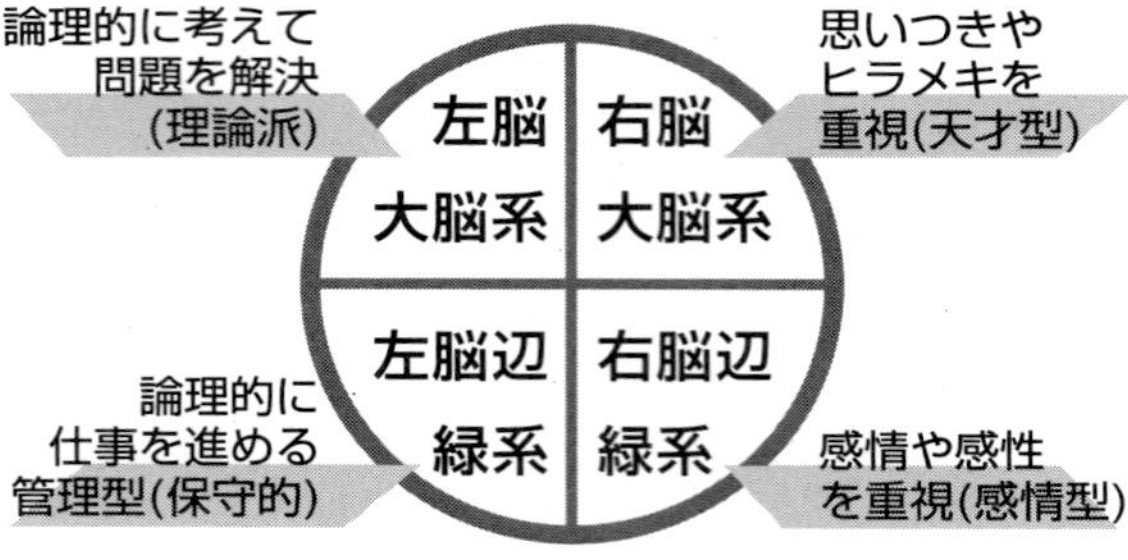

問題を解決するのが好きなタイプだ。特に具体的な事実に基づいた分析や、数学的な分析能力に長けているという特徴がある。論理的な思考をつかさどる左脳と考える大脳系が強いということから、このような思考パターンになることはよく理解できる。とにかく、論理的に正しくそれが事実や分析によってサポートされていないと納得できないタイプだ。

次に、「左脳・辺縁系タイプ」だが、このタイプは論理的に感じることを重視するタイプだ。よって、感情の起伏をコントロールしたり、計画的にものごとを進めたり、きちんと仕事を管理したりすることが得意。このタイプは、論理的に気持ちのよいことをよしとする。よって結構保守的でもあるが、これも「過去の事例からこれが正しい」と論理的に感じている証拠だ。

右脳タイプも2つに分かれるが、「右脳・大脳系タイプ」は、論理的な思考よりも、パッと思いついた瞬時のヒラメキに重きを置くタイプで、しかも考えるのが好きという特徴がある。また、論理的に考えすぎて細部にばかり目がいく「左脳・大脳系」とは対象的に、全体的にものを見たがる傾向がある。このタイプは、非常に創造力に富んでいて、新しい発想がポンポン出てくるが、とかく概念的に考えようとする傾向が強いところが長所でもあるし同時に短所でもある。

最後に、「右脳・辺縁系タイプ」だが、このタイプは非常に感情的だ。とにかくそのときに感じることから思考をスタートする傾向が強く、ともするとビジネスには向かないように思われるが、対人能力には長けている。よって、例えば「この企画が実際に実行する人からどのように思われるか」といったチェックをするときにはぜひとも必要なタイプだ。

さて、あなたはどのタイプだろうか？

それぞれのタイプがお互いを補うことですごい仕事ができる

ではここで、吉本課長と彼の上司の高田支店長、同僚の課長である今野課長、そして吉本課長の部下、川本さんにご登場いただき、実際に4つのタイプがどのようにお互いを補い合いながら、仕事を進めていったらよいかについてみてみよう。

まず、それぞれのタイプだが、高田支店長は右脳辺縁系で非常に感覚的にものを判断するが、誰もが「野生の勘が鋭く、なぜか間違った判断をしない動物系支店長」と一目置く支店長だ。

吉本課長は、ヒラメキで勝負する右脳大脳系の課長。「吉本課長はいつも飛んだアイデアを生み出す天才型」と言われるが、ときどき「なんだか一人だけ違う世界に行ってしまって、わけの分からないことを言う」と言われている。

同僚の今野課長は左脳辺縁系で、とにかく保守的だが、支店の販売計画やコスト計画では彼の右に出る者がいないくらい、精緻なものを作り上げる能力がある。

そして部下の川本さんは、数字の分析をさせたら誰もかなわないくらいの左脳大脳系ビジネスマンだ。

さて、この4人が、来月から始める支店の営業マン販売コンテストについてあれこれと議論をしているとする。一体どのような議論が展開されるのだろうか。

まずは左脳大脳系の川本さんが切り出した。「今の支店の販売成績から考えると、次の販売コンテストは商品Aに注力すべきだと思います。現時点での商品別の目標率を分析した結果、商品Aはこのままのペースだと半期の目標を20％近く下回ってしまうことは明白ですし、このタイミングで何かしらのアクションを起こさないと年度の後半で挽回するのが去年の販売実績から考えて不可能です。また、目標達成率のクラス分けに関してですが、これまでのように目標達成率90％から5％刻みで営業マンに報奨金を与える仕組みは変えるべきだと思います。その代わりに販売課別に目標を100％達成したうえで、個人の目標達成率に合わせて報奨金を決める方法のほうが、実績を積み上げられます」――まさに論理的思考と事実に基づいた分析でゴリゴリと議論を進めていくタイプだ。

ここで左脳辺縁系の保守的課長、今野さんが口を挟んだ。「川本君の言っていることはたしかに正しいと思うのだが、やっぱりこの季節はこれまでどおり商品Bで販売コンテストをするべきだと思うな。何よりも、今好調に売れている商品Bの勢いを止めたくないし、苦戦している商品Aも、去年と同様に再来月で構わないように思うのだが。去年もそこで挽回して結局は目標を達成できたわけだし、何もここで冒険する必要はないのではないだろうか。それと、目標達成率に関しても、もともと販売コンテストの目標は普段よりもかなり上乗せした目標だし、支店全体での実績を考えると、それはそれで理にかなった内容だと僕は考えるのだがいかがだろうか」――単に保守的なだけではなく、きちんと実績を管理するタイプらしい発言。彼のような人材が実績管理をしていれば、大きく道を外すことはなさそうだ。

するると、右脳大脳系の吉本課長は何かを思いついたらしく、堰を切ったように話し始めた。「やっぱり、目標を振り分けて競い合う販売コンテスト自体が古いのかもしれないですよ。それよりも、目標を自己申告制にして、より高い目標を事前に掲げて、それを達成できた営業マンには厚い報奨金を与えるといった仕組みのほうが、できる人材には有利に働くし、結果として数字も稼げるように思いますね。これからは個の時代であって、組織は個の集合体だと考えていかないと、モチベーションの分散をマネージしていくことはできないんじゃないでしょうか。できる人材はどんどん育てる。これが新時代の営業支店スタイルですよ」――ヒラメキ型らしく、とにかく新しいアイデアを出さないと気がすまない吉本課長らしい意見だ。それはそうと、発言の後半の概念的な話はほかの3人はよく理解できなかったらしく、キョトンとした顔をしていた。

そして、右脳辺縁系の高田支店長が、ゆっくりと口を開いた。「うーん、みんなの言うことは、どれもたしかにもっともな気がするんだが、自分が営業マンの立場だったら、やっぱりここは商品Bのほうが季節的にもしっくりくるし、売りやすい気がするなあ。別に商品Aをこの時期に売ることが悪いってわけじゃないんだが、どうにも力が入らないように思えて仕方がない。それと、目標に関しては、販売課別での達成率をクリアしたうえで、初めて個人の目標に合わせて報奨金が貰えるほうが、連帯感ができてよいと思う。これまでは我が支店は個人商店の寄せ集めのような雰囲気があったし、このタイミングで組織として結束を強めるのは大事じゃないだろうか。そのうえで、より意欲の高い販売課が目標を上増しするのであれば、それは大歓迎だ」――このマネジメントスタイルは、ある意味でひとつの究極の姿なのかもしれない。いろいろな意見を吟味し、最後はそれが受け入れられるのかどうかを皮膚感覚でチェックすることで、実行可能な内容に磨き上げていくスタイル。高田支店長らしい発言だ。

この後も、詳細にわたって議論が繰り返された。最終的にどのような販売コンテスト案に落ちつくのかについては定かではないが、各人がそれぞれの意見をぶつけあって付加価値をつけることができているのは注目すべき点だ。そして生み出された案は、事実に基づいて導き出され、なおかつ革新的なアイデアに満ち、実行可能で、さらに実際に対象となる営業マンが気持ちよく参加できるプログラムになるはずだ。

読者の方も、ぜひともこのような4つのタイプがお互いに補完し合いながら建設的な議論を重ねアイデアを生み出す術を身につけて、普段の仕事で応用してみてはいかがだろうか。

第3章
MBA的自己研鑽術

13 新聞を斜め読みして、切れ味鋭いロジックを鍛える

新聞を考えずに読むのは時間の無駄だ

朝、けたたましい目覚まし時計の音を恨めしく思いながら、のそのそと布団から這い出し、ちょっと濃い目のコーヒーをすすりつつ、眠い目をこすって新聞を読む。カフェインが効いてくるまでには少々時間がかかりそうだ。そんな朦朧《もうろう》とした頭で新聞を眺める。とりあえず見出しだけなぞり、「ふむふむ、こんなことが起こっているのか」と思いながら、歯を磨き、ひげを剃るために洗面所に向かう。

あるいは、新聞を読むだけのスペースに余裕がある通勤電車に乗れるラッキーな人であれば、折りたたんだ新聞を比較的じっくりと読むことができる。たまにキャッチーな見出しに溢れた週刊誌の広告を一瞥しながら、興味のある記事を丁寧に読

み込んだりと。

いずれにせよ、新聞に目をとおしていることには間違いないし、それなりの情報収集はできているだろう。しかしながら、世界標準の課長にふさわしい新聞の読み方をしているかどうかは少々疑わしい。見出しだけ読もうが、中身をじっくりと読もうが、単に新聞を読んでいるだけでは、頭の使い方の基礎トレーニングにはならない。単なる情報ソースとしてしか新聞を使っていないとしたら、それはもったいない話だ。

時間に余裕があるのであれば、じっくりと読み込むことで頭は覚醒するし、情報を取り込むことができるだろう。ところが、現実にはそんな余裕がある人は多くないし、読み方の基本が身につけば、何もそこまで時間をかけて文字を追う必要はなくなる。昔、新聞をすみずみまで読んでいることを自慢にしている人もいたが、果たして意味のある行動なのだろうか？　情報処理能力と暗記力を鍛えるにはたしかに効果はあるかもしれないし、まあそれも大事と言えば大事であることは事実だが……。

新聞記事の背景にあるロジックを見抜き、それを腹に落ちるレベルまで納得して吸収し、そこから会社や自分にとって使える示唆を引き出そう。そうすれば、単なる情報閲覧マシーンに成り下がることはないし、無駄な時間を使わなくても済むようになる。世界標準の課長は考えるべきことが山のようにある。情報を収集するためだけに、必要以上に頭の容量を使うようなことは避けたいものだ。

新聞を斜め読みする時間的余裕しかない人でも必要十分な情報は得られるし、考える力を劇的に向上させるための脳みそのエクササイズは十分できる。そして、自分の意見を持って、人にそれを伝えられる課長になることができるのだ。本章ではその手法を紹介しよう。

新聞は、考える材料の宝庫

限られたスペースで内容を伝えなければならない新聞記事は、そのエッセンスだけがまとめられている。例えば経済関連のニュースであれば企業からの発表内容やインタビュー内容についてのすべての情報を載せているわけではない。客観的にきちんと事実を伝えることがその基本スタンスになっているので、何が起こったのかという事実についてはきちんと述べられていることが多く、乾いた情報を収集するためには、極めて優れた情報ソースだ。

一方で、そのニュースに関する経済的な背景や、なぜそれが起こったのかという理由について割かれているスペースは、意外と少ない。詳細な事実関係や客観的な理由づけができない状態で、憶測で意見を述べたり解説をしたりすることを避けることがその理由なのだろう。たしかに、十分な事実が集まらないままに、公のメディアが単なる私見になりかねないメッセージを発信するのは問題だ。

もちろん、きちんとした事実が集まっている場合、比較的詳しく解説してくれている記事もある。例えば、ある業界で大型合併が発表されたなどといったニュースの場合、どの企業が、いつ、どのようなスキームで、どのような狙いで合併をするのかといったレベルまで説明されていて、読後にすっきりとした爽快感を与えてくれる記事も少なくない。しかしながら、そのような記事でも、さらにもう一歩突っ込んで深く考え、事象の裏側に流れている背景をえぐり出そうとする、歯ごたえのある説明がなされている記事はけっして多くない。

例えば、合併に関する記事の場合、業界3位と4位の中堅企業が、シェアNo.1になるために、半年後に対等合併をする。これによるコスト削減効果は年間数百億円が見込まれる、といった具合に、事実とその背景についてパッと頭に入るぐらいの内容までは噛み砕かれている。だが、鋭い頭を持った世界で通用する課長になるためには、ここで満足して考える作業を止めてしまっては駄目。この記事を、頭を鍛える材料として最大限に活用し、なおかつ自分の会社や生活に示唆を与えてくれるレベルになるまでしっかりと咀嚼したいものだ。そうすることで、単なる情報でしかなかった新聞記事を、自分にとって使える武器にすることができる。

具体的にはこの合併の記事であれば、なぜシェアNo.1になることが必要なのか、どのようにしてコスト削減は達成されるのか、そもそもなぜコストを削減する必要があるのか、なぜ対等合併という手法が選ばれたのか、合併以外のオプションはなかったのか、といった内容について、新聞記事に突っ込みを入れてみることができる。つまり、しつこいぐらい「なぜ（why）」について考えてみることで、事実の背景が浮き上がってくる。

もちろん、このような「why」形式の質問のいくつかは新聞記事でもカバーされているだろうが、これだけの意地悪な追加質問のすべてに答えられるだけの内容を載せた新聞記事は多くない。本来であれば、ビジネス誌で数ページの解説が必要なぐらいの内容だ。答えは書かれていない。ここが課長としての頭の使い方をトレーニングする出発点になる。

書かれていない内容は、自分で考えてみよう。しかしながら、ただ当てずっぽうに理由を当てはめても駄目だ。起こった事実の理由として、自分が納得できるだけのロジックを組み上げてみる。

なぜシェアNo．1になることが必要なのか。きっと、その業界では今後シェアNo．1の企業が販売チャネルを寡占できる業界構造に変化することが予想されていて、また莫大な商品開発費用を捻出するためには売り上げ規模の確保が不可欠。よって、今後永続的に成長していくためには、合併によって企業サイズの拡大が必要。といったことを、その業界の特性から類推してみることが大切だ。こういった頭の使い方によって、あなたの考える能力は大幅に向上する。事実がすべて揃っていなくても、ロジカルに考えて正しい自分の意見を持つことができるのだ。

さて、せっかくそこまで頭を使ったら、もう一歩踏み込んで、これらを自分の会社にとって実になる情報へと進化させよう。具体的には、えぐりだした事実の背景から、「だからどうすべきか（so what）」について考えてみるという作業だ。例えば、シェアNo.1が一人勝ちする市場特性を持った商品カテゴリーを、自分の会社でも持っていないだろうか。仮にそれが存在するとして、今はこの例の企業のようにアクションを起こすとしたら、一体どのようなことをすべきなのだろうか。また、自分の会社が合併を検討するとしたら、どのような狙いで、どんなスキームがはまるのだろうか。

こういったことまで考えることができると、朝刊に載っていた合併記事は、見事なまでに考える武器として身につく。ここまでたどり着ければ世界で通用する課長として合格ラインだ。

目的を持っていれば、斜め読みでも効果は十分

ところで、これまでに説明したような考えるプロセスを踏んで、新聞記事を使える武器の材料として利用するためには、記事をじっくりと熟読する必要はない。最初から、「なぜ」「だからどうした」という突っ込みの言葉を常に頭の片隅に置きながら、必要な情報をピックアップしていけばよい。つまり、頭を鍛えるトレーニング材料として使うという目的に沿って読み込んでいけばよいのだ。よって、自分の知りたい内容にはあまり関係のない事実、例えば数字や日時の詳細などは、斜めに読み飛ばそう。考えるためには大体の中身が分かっていれば、ことが足りる。

これは、経済ニュースだけにかぎらない。社会面、スポーツ面も同様だし、週刊誌の広告についても同じ読み方が考え方の基礎を作ってくれる。例えば、かなりシリアスな事件の記事が社会面に載っているとする。なぜか。そしてこの事件から、自分は何をしたらよいのか。また、仮に専門家が解説をしているとしたら、彼の意見はロジックがとおっているのか。自分の考え方が違っていたとしたら、その根源

の理由は何なのだろうか。

また、週刊誌の見出しは新聞記事以上に考えるトレーニング材料になる。何よりも、キャッチーで興味をそそる見出しは目に飛び込んでくるし、考える食指を動かされる。政治家同士のあつれき、経済界の危機説、あるいは芸能人スキャンダルなど、思わず考えてしまいたくなる内容がてんこ盛りだ。そして、週刊誌の広告は、見出し1行あるいはせいぜい2～3行でしか内容が述べられていないから、その裏側にある「なぜ」を類推するいいトレーニングができるのだ。

MBA時代は、新聞を読み込むトレーニングが日課だった

それにしても、MBA留学中に朝のカフェでクラスメートとばったり顔を合わせて、パサパサしたパンや、やたらと脂っこいマフィンなんかを頬張りながらする会話はかなりきつかった。

久しぶりに会う友達であれば、「最近どう?」みたいな話で間をもたせることは

できるのだが、同じ授業を履修しているため頻繁に顔を合わせる友達とは、そんなに弾む会話があるわけでもない。みんなウォールストリート・ジャーナルやフィナンシャル・タイムズなどの堅い経済新聞を毎朝読んでいるので、大抵は、そのなかで扱われている経済ニュースに関する会話に行きついて、「どう思う」「なんでかなあ」みたいな軽めのロジックの応酬になる。

また、授業のなかでも「今朝のA社の記事は読んだか」といった話からクラスがスタートし、クラスメートは続々と手を上げて発言し出す。日本絡みの記事が出た日なんかは、戦々恐々だ。間違っても、ディスカッションが煮詰まったときにコールドコールされませんように、と思わず祈ってしまうし、仮にうまく乗り切れたとしても、その後クラスメートから「あれってどうして?」の連射攻撃にあう。でも、ここで踏ん張ってまともなことを言わないといけない。みんなから声をかけてもらえるように、とにかく気合いと集中力で乗り切った感じだ。

人に話すことで、ロジックの切れ味を増そう

さて、新聞を材料に考えるトレーニングをする手法については内容が理解できただろうか。最後にもうひとつだけティップスを紹介しよう。それは、考えるプロセスを踏みながら読み込んだ記事の内容を、誰かに話すことだ。そうすることで、あなたのロジックはさらに鋭さを増してくる。そしてまた、相手に伝えるために必要な技についても学べることになるからだ。

まずは朝、新聞を読んだときに考えた内容を反芻し、「なぜ」と「だからどうすべきか」のロジックの流れを確認しよう。話す前にこの作業を何回か繰り返すことによって、ロジカルに考える頭の習慣が体に定着してくるだけでなく、そのスピードも速くなる。そして次に、誰か相手を見つけて頭の中でロジックの流れを再確認しながら、できるだけスムーズに話すようにしよう。

当然、あなたのロジックや話の流れが１００％とおるとはかぎらない。相手の考える前提条件が違えば、ロジックの流れのつながりが十分に伝わらずに、怪訝な顔

をされることがあるはずだ。その場合は、相手の腹に落ちるように、ロジックの展開に具体例を加えて補足したり、言い換えたりして、納得させるようあれこれ手をつくそう。

相手はできるだけ、理屈っぽいほうが練習になる。途中で「え、どうして？」といった合の手を入れてくれるタイプの人のほうが、こちらの頭も刺激されるし、自分一人の頭では見落としていた点が何か、後から分かることもあるからだ（ただし、人の意見に聞く耳を持たない頑固者は避けたほうがよさそうだ。議論のための議論に発展してしまって、精神衛生上もよくない）。

さあ、早速今日の新聞を斜めに読み返して、鋭いロジックを鍛えるトレーニングをしよう。

14 知識を意図的に芋づる式に増やす方法

強制的に詰め込まれた知識は、あとで役に立つ

ＭＢＡは考え方について学ぶプログラムだと述べたが、実は同時に大量の知識を詰め込まれるプログラムでもある。会計学やミクロ経済学、統計学など、たしかに知っていなければ考えることすらできない科目があるのも事実で、このような授業ではとにかく毎回毎回駆け足で新しい内容が紹介され、がむしゃらに頭に詰め込んでいく。

もちろん、日本の受験戦争で経験したような、何でもかんでも丸暗記といった感じではなく、まずは会計基準の根底に流れている考え方を理解したうえで、テキストを見なくてもそれらを思い出せるぐらいまでの暗記でＯＫなのだが、それでも

三十路前後の学生にとっては結構大変な作業ではあった。

考え方を身につけるといった作業も、ある意味では知識の詰め込みだ。もちろん、この場合は考え方を使って問題を解決したり、新しいアイデアを生み出したりすることが目的なのだが、やっぱり最低限使える考え方を覚えていないと、何も出てこない苦しみを味わう。一方で、何かを考えるときには材料が必要だということは以前にも紹介した。これも自前で調達できるとそれだけメリットが大きいのは言うまでもなさそうだ。

つまり、普段からいろいろな知識を身につけるよう努力しておくと、情報収集の時間を短縮できるだけでなく、どのような情報が考えるときに役に立つかといった勘も働いて、効率よく考える作業が進められるということだ。

考えるための基礎体力をつける意味で、普段からいろいろな知識を詰め込んでおくことは必要だということだろう。もちろん知識だけでは何も生み出すことはできないのだが、考え方のトレーニングを積んで頭をうまく回転させられるようになれば、あとはどれだけ使える知識を持っているか、そして集められるかの勝負になる。

詰め込んだ知識は、やっぱり後で役に立つのだ。

とはいうものの、知識の詰め込みは、かなりの苦痛を伴う作業だ。これを楽しくするためにはどうしたらよいのか、本項ではいくつか考えてみたい。ちょっとした工夫をすることで、芋づる式に知識を増やし、あなたの知の領域を飛躍的に広げることはそれほど難しい作業ではない。それでは早速、具体的な方法についていてみてみよう。

まずは、身近なところで〝種芋〟を見つけよう

例えば、あなたが新しいコンピュータを買ったとしよう。これまでの無味乾燥なコンピュータと違って、さまざまな楽しい機能がついている。例えば、メールについても、コンピュータ内のメールソフトでやりとりするだけでなく、ウェブメールも随分と使いやすくなった。そして、ＡＤＳＬやＦＴＴＨのような高速通信環境も整い、まるで会社にいるのと同じようなＰＣ環境でコンピュータを使えるように

なったとしよう。

こんなときは、新しい知識を芋づる式に増やす千載一遇のチャンスだ。「あー快適！」とマウス片手にネットサーフィンをしまくっているだけではもったいない。あれこれと設定したり、使ったりする作業は新しい知識への入り口になり得る。この機会を活用しよう。

常時接続環境になると、セキュリティ対策には気をつける必要があるとPCやサービスのマニュアルには書いてある。「さて、ということは何をしたらよいのかな。ちょっと調べてみよう」――こう思い立ってPC雑誌を買ってみると、ネットワーク構築や、プロバイダのサーバー構成などについていろいろと説明が書かれている。専門用語が多く、理解するのに少々苦労するが、興味があるだけに読むのは苦痛ではない。また、ほかの雑誌にはセキュリティ対策だけでなく、便利なメールの使い方の例として、ＡＳＰのメールサービスについて書かれていた。このような内容をひとしきり吸収すると、また新たな興味が湧いてくるはずだ。「セキュリティレベルの高いネットワーク構築をするためには何が必要なのか」「なんかＡＳＰって使えそうだぞ。どんなサービスがあるんだろうか」……今度は、VPNサービスや、グループウエアといった内容について知識が次から次へと増えていく。まさに芋づるで知識は増えていくのだ。

要するに、身近なところにある種芋から、「この先には何があるんだろう」という知的好奇心を持って、次の芋＝知識を掘り出していくことが大事だということ。ちょっとの苦労を好奇心で乗り越えることによって、また新たな種芋ができあがる。この作業を続けていければ、知識は指数的に拡大していく。

また、普段自分にとって縁が薄い分野であっても、身近な情報源を入り口に新しい知識を獲得することも可能だ。

例えば、奥さんが愛読している雑誌を暇なときにでもパラパラとめくってみよう。「〝小袋〟予算管理術で毎月の支出は3割減らせる」だとか「おしゃれな収納法」といった見出しが飛び込んでくる。普段自分から進んで奥様向け雑誌を買うことはないが、これらの記事は読んでみると実はけっこう面白い。それだけでなく、仕事でも使えそうなヒントやアドバイスに満ち溢れていることも多い。また、最近主婦層に人気のカリスマ的マネー評論家がいることや、日本に上陸した外国家具のブランドなどについて知ることができたりする。意外と使える知識の情報源だったりするわけだ。

自分と違う業界で働いている友人と一緒に飲んで仕事の話をするのも、種芋を見つけるチャンスになる。彼らは本やネットと違って、生の情報を持っているし、その場であなたが好奇心を持って質問したとしても、きちんと答えてくれる。特に、自分にとってまったく知識のない分野では、彼らの話がきっかけになって、それまでまったく知らなかった知の世界への扉が開かれたりする。とはいえ、あんまり仕事の話ばかりでは、せっかくの酒がまずくなってしまうし、実際に居酒屋でこの手の話をするのはほどほどにしておいたほうがよさそうだが……。

知的好奇心がピクピク動き出したら、すぐにアクション

何かしらの「とっかかり」ができたら、すぐさまアクションを起こそう。今の時

代、コンピュータは強力な武器になる。具体的には、サーチエンジンを使って、まずはネットであれこれと情報を入手しよう。最近のサーチエンジンは大した機能を備えていて、多くの検索結果が引っかかる。これらを斜めに読み飛ばすだけでも、相当の知識を得ることができるはずだ（余談になるが、やっぱり自宅で常時接続の環境を整えておくと、こういったときに便利だ。世界標準の課長を目指す方には、ぜひともおすすめしたい）。

もしもコンピュータがない、あるいは通信費が気になってネットをバンバン使えないのであれば、とりあえず本屋に走って関連の本を何冊か立ち読みしてみよう。気に入った箇所がある本を見つけたら、買って家で読む。この場合、自分の好きな読み方でＯＫ。考え方を獲得する方法と違い、あくまで自分の好奇心を満たして知識を得るための読み方なので、最も気持ちのよい読み方をすればよいのだ。とにかく、思い立ったが吉日。すぐさまアクションを起こさないと、あっという間に熱は冷めていってしまう。

やっぱり基礎体力を鍛えるためのトレーニングも必要だ

自分の好きな内容から種芋を見つけて、芋づる式に知識を増やす方法は有効だが、どうしても守備範囲に偏りができてしまう。普段から、幅広くいろいろなことをしておきたいと思う方には、ちょっと違ったトレーニングの方法を紹介しよう。ただし、これはあくまで時間的に余裕がある人、あるいは考えるトレーニングをもう十分に積んでいて、次は猛烈に知識を増やしたいと考えている人向けの内容だ。

まずは、今までに読んだこともないような雑誌や本を毎月1冊買ってみることを習慣にしよう。仕事に関する基礎知識を増やすための本でもよいし、哲学書、法律の入門書、社会心理学、映画の本、ファッション雑誌といった仕事と関係のない内容でも、とにかく何でもよい。そこで知り得た内容が、次の知識への芋づるとなるのだから。

しかし、この手の読書はかなりの苦痛が伴う作業になってしまうことが多いし、モチベーションを保ち続けるのも大変だ。この場合は、基礎体力をつけるための筋トレなのだと割り切って、ひたすら文字を追いかけるぐらいの強い精神力が必要になってくる。特に最初の数ページは相当ツライので、ここは忍耐が必要。

そのうちに、だんだんと内容が分かりはじめて、知的好奇心がピクピク動き始める。ここまで来たら、しめたものだ。フィットネスクラブのウォーキングマシーンやバイクは最初の5分ぐらいがいちばんキツイのだが、その後は比較的速く時間が流れていくのと一緒で、とにかくまずは我慢して乗り切ることが肝心ということ。

自分に課して新しい知識を獲得する方法は、何も本を読むことだけではない。テレビを見ることでも同じ効果は得られるし、こちらのほうが受身でいられるので楽といえば楽。むろん、その分だけ種芋があなたのなかに根付く可能性は低くなってしまうのだが、何もしないよりははるかに効果が得られる。

具体的には、これまで見たことがないような番組を見てみるとよい。例えば、仕事のための知識獲得であれば、平日の夜や休日の昼間に放送されているようなビジネス関連の番組は、かなりよくできていて使える情報源だ。ここで噛み砕いて紹介された内容を種芋にして、あとからネットや本で情報を深掘りすることで、相当新しい知識を増やすことができる。

また、教育チャンネルや放送大学などでは、びっくりするぐらい専門的な内容が放送されている。これらをちょっと我慢して見ることで、やはり新しい知識への「とっかかり」を作ることはできる。

繰り返しになるが、まずは考え方について吸収することが世界で通用する課長としてやらなければならないことだ。そのうえで、知識を積み上げることができれば、あなたはより強力にパワーアップされる。しかし、間違ってもこの逆のプロセスを踏まないように気をつけよう。考えることの苦手な単なる物知りな課長になってしまわないように。

15　テレビを見ながら仮定条件を批判する力を鍛える

仮定条件を批判するって一体どんなこと？

「僕が先月会った友達5人のうち、3人が今年離婚している。最近離婚率は飛躍的に増加しているようだ」

誰かがこんなことを言っているのを聞いて、ふむふむと納得してしまいそうになるが、よくよく考えてみると、どうも変だ（逆に、これを100%納得してしまうようであれば、それは問題だ）。いったい、何がどうおかしいのだろうか。

実はこの例題は、MBA受験に必要なGMATという英語の試験の、「クリティカル・リーズニング」というパートで出題される問題の一例だ。この「クリティカル・リーズニング」は論理的な思考力が問われるパートで、日本人は本当に苦労する。

そもそも普段から論理的に考える癖がなく、しかもかなり高度な英語で出題されるものだから、苦しむのも当然。筆者もここで点数を稼げるようになるまでには、長い時間がかかった。

とはいえ、まったく歯が立たない試験ではない。いくつかの論理的思考パターンのルールを理解することで、だんだんと立ち向かっていけるようになる。具体的な出題パターンとしては、「事実」と「結論」が述べられている。そして、その2つを結びつける「仮定条件」が何かを見つけ出すことで答えを導き出すことが求められる試験なのだ。では、先の例を使って、これらの関係を紐解いてみよう。

事実は「僕が先月会った友達5人のうち、3人が今年離婚している」ということで、そこから導き出された結論が「最近離婚率は飛躍的に増えているようだ」ということ。では、この2つを結びつける仮定条件は何かというと「僕の友達のなかで起きているのと同じ割合や頻度で、世の中の出来事は起きている」ということだ。だから、先月会った友達の6割が離婚していることから、最近離婚率は増えているという結論になっている。

しかし、この仮定条件は明らかにおかしい。もしも「僕」が結婚生活に向かない性格で、その友達も類が友を呼ぶように同じような性格だとしたら、「僕」のまわりで離婚者が続出するのは起こり得るシナリオだし、それらは世の中の動きとは関係がないはずだ。こうして、この例題の仮定条件は批判され、この論理展開には無理があることが分かる。

仮定条件を批判することは、別に議論のための議論をする技ではない。しっかりとした論理的思考によって、正しい答えを見つけだす手法なのだ。それでは、おかしな論理展開がまかりとおっているテレビの世界を使って、論理的な思考力を鍛える方法と、次に仕事での応用の仕方について、具体的に考えてみよう。

テレビではさまざまな意見が根拠なしで述べられている

「最近の若い世代は我慢して会社に勤め上げようとせずに、すぐに転職したがる。だから駄目なんだ」

休日のトーク番組で、このような意見を有識者が声高に唱えていたとしよう。世界標準を目指す課長であれば、まずは「そんなバカな?」と瞬間的に反応するぐらいになりたいものだ。それにしても、この主張は何がおかしいのだろうか。

この有識者の仮定条件はいくつかあるが、まずは「転職は悪。終身雇用制こそが素晴らしい制度だ」といった価値観を暗黙のうちに正しいと仮定している。これは明らかに偏った見方だ。

終身雇用制度は安い労働力を長期間に渡って確保するための制度であり、高度成長時代に機能したのは確かだろう。しかし一方で個人としてより付加価値をつけられる人材も、そうでない人材も同じような待遇を与えられ、結果として日本のビジネスマン社会に歪みを生んでしまっていたのではないのか。本来であれば、もっとすごい仕事ができたはずの人材が、この制度のせいで一生を棒に振ってしまったようなことだってあったはずだ。そういった側面を考慮せずに、「終身雇用万歳!」と唱えられても論理的に納得するわけにはいかない。

それにまた、いったいどんな我慢をしろというのだろうか。世代に関係なく、自分のビジネスマンとしての成長につながる仕事であれば、どれだけつらくても人材は残るはずだ。逆に、その会社から何も成長の機会が得られないと感じたら、まだ選択肢がある若い世代は、別の場所にチャンスを求めて転職するのではないか。

大リーグで十分に通用する選手に、「人間我慢が大事だ。だから日本のプロ野球に残れ」と命令するのはとぼけた話。同じように、どんどんと成長していく人材に対して、「やっぱりこの会社で働き続けたい」と思わせるような仕事を提供できない会社が、流出する人材を非難するのは本末転倒なのではないだろうか。

もう一例みてみよう。今度は「事実と結論自体が正しいのか」という部分まで踏み込んで考えてみたい。例えば、夜のニュース番組で人口問題について一連の内容が伝えられた後、ニュースキャスターがしたり顔してこうまとめたとする。

「今の人口を維持するには出生率の低下を食い止める必要がありますね。そのためにはまず、若い世代の意識改革から始めないといけないということです」

げ、ほんとーに？　一連の内容からはどう考えたってこんなことは言えないぞ！とこれぐらい大げさに反応してしまうぐらいの飛んだ論理展開だ。この結論を言うために、本来検討すべきかなりの部分が抜け落ちてしまっている。このニュースキャスターの発言の、何がおかしいのか考えてみよう。

まずは、今の人口を維持しなければいけない理由については、番組中では一切触れられていなかったとしよう。たしかに国内の消費を減らさないため、そして歪んだ年金制度を過去のように戻し、高齢化していく社会を支えるために若い世代の人口を増やすことが解決策にはなるかもしれないが、ほかにも打つ手はあるはずだ。例えば、アメリカのように移民を受け入れるといった手もあり得る。一概に出生率を上げて、人口を増やすことだけがこれらの問題の解決策だということはあまりに乱暴な主張ではないだろうか。

一歩譲って、出生率の低下を食い止めることが解決策だったとしよう。だとしても、なぜ若い世代の意識改革が最優先に取り組むべき課題なのか。若い世代が子供を生まない理由は、彼らが生活をエンジョイすることにうつつを抜かしており、子供を欲しがらないからだと結論づけられるほど単純ではないはずだ。経済的な理由で、子供を生めない若い夫婦だっている。彼らをサポートする社会制度を整えることが、出生率を食い止める解決策になる可能性だって高いのではないか。

このように、テレビ番組のちょっとした一言が、あなたの論理的思考を鍛えるよい機会になる。そう考えると、隙間時間にテレビを見るのも悪くないことかもしれない。

仮定条件を批判できるようになれば、問題解決能力は向上する

それでは、仕事での一場面を例に使い、仮定条件を批判することで、どう問題解決につなげていったらよいのかについて考えてみよう。ここでは、耐久消費財を販売しているメーカーの商品担当課長である高橋さんにご登場いただく。「うちの商品性能は他社よりも劣っている、だから売れないんだ」

支店長会議の席上で、現場叩き上げの声のでかい東京支店長が高橋課長にかみついた。すると、何人かの支店長が「そうだ、そうだ」と続き始め、不穏な空気が充満しはじめる。目標を達成できなかった口実にしようという作戦らしい。ここで高

橋課長はどんなことを考え、どう対処すべきなのだろうか。商品担当課長として、普段から論理的に考え､正しい仕事をしている自負はある。スケープゴートにされ、吊し上げられるような筋合いはないはずだ。

ここで高橋課長が考えなければいけない点がいくつかある。まずは、本当にその商品は売れていないのかという事実を明らかにすることが必要だ。全国的には売れているが、東京支店やほかの数支店だけで売り上げが伸びていないのかもしれない可能性がある。もしそうだとしたら、商品性能が劣っているから売れないといった批判は筋違いだろう。

次に、仮に商品性能が劣っているとしたら、それを実証できる事実はあるのだろうか。例えば、一人の顧客から出たクレームが、すべての顧客の声を代表しているかのごとく語られてはいないだろうか。もしそうだとしたら、やはり商品性能が劣っていると結論づけるのは少々乱暴な話だ。

もしも本当に高橋課長が担当する商品のどこかが性能的に劣っているとして、逆に勝っている部分も含めて総合的に考えた場合、本当にその劣っている部分が売れないだけの致命的な理由になっているのだろうか。あら捜しをするのは簡単だが、それだけで問題が解決できる単純な話ではないはずだ。

また、一歩下がって考えてみることも大切。実は、商品性能以外で劣っている部分があって売れないのではないだろうか。例えば価格で負けている、販売促進で競合他社に遅れを取っている、販売店との関係が悪化しており、売る機会を逃してしまっている可能性もある。仮に東京支店を含めていくつかの支店だけで売れないといった事態が起こっているとしたら、こちらのほうが検討しなければいけない問題のように思われる。

こうやって考えられる可能性をリストアップして、叩き上げ支店長と会話を繰り返しながらひとつずつつぶしていくと、東京支店やほかの数支店で高橋課長の担当する商品が売れていない理由が見えてくる。こうすることで、どんな対策を打って売り上げを伸ばしたらよいのか分かり、結果につながるアクションが見えてくるのだ。

論理的思考を武器に、声の大きさだけで簡単に恫喝できるようなやわな課長ではないことを示すために件の支店長とやりあってもよいが、そこはほどほどに済ませて、彼らをどうサポートしたらよいか建設的な議論をしたいものだ。売り上げにつながるアクションを次々と考え出すことができれば、あなたは手強い支店長軍団からも尊敬される課長になれるのだから。

16　家庭のバランスシートを作ると見えてくること

バランスシート（貸借対照表）は非常に分かりやすく作られた診断書だ

顧客の与信管理や生産管理、あるいは経理部門で働いている諸兄を除くと、バランスシートに接する機会はそれほど多くない。それよりも、もっと短期的にどれくらい売るのか、コストはどう管理するのか、そして、利益をどれだけ出すのかといった、損益計算書のほうに馴染みがあるだろう。しかし、これはもったいない話だ。

バランスシートは、なかなかよくできたツールだ。企業の持ち物を左右に分けて整理することで、その企業が一体どんな状態になっているのか、そして将来どんな価値を生み出すのかについて、多くのことを語ってくれる診断書のようなもの。その根底には「いかに分かりやすく、企業の健康状態を把握するか」という考え方が

■バランスシートの構造

資産（持ち物） =将来性を生み出すもの ●商品・材料 ●工場・店舗 ●パテント(商標)	負債 =利益を得るために使った、将来返済すべきもの ●借入金 資本=その会社の価値

流れている。この考え方を理解するだけでも、ビジネスマンとしての感覚を研ぎ澄ますことができる。

具体的に言うと、バランスシートはT字の構造になっていて、会社の持ち物（資産）を左側にリストアップし、それらを調達するために作った負債を右にリストアップして整理することが基本ルールになっている。そして、資産と負債の差が会社の価値となり、やはりT字の右側に資本として現れる仕組みになっているのだ。考え方自体は、とても単純で分かりやすい。

ちなみに、資産とはいったい何かといえば、ずばり「将来価値を生み出してくれる持ち物」だ。例えば、原材料や工場などは製品という付加価値を将来的に生み出すので資産になり、バランスシートの左側にリストアップされる。

一方で、負債は「資産を得るために使った、将来返さないといけないもの」。買掛金で原材料を調達した、あるいは銀行から借入れをして工場を作った場合、どちらも負債として右側に計上されるべき項目になる。

これだけでも、もう十分に基本的な考え方は理解できるのではないだろうか。

さて、本章ではバランスシートの詳細について説明することが目的ではなく、その考え方を応用して、自分の家庭についてあれこれと頭を使ってみることを目的としている。家庭のバランスシートを作ると、示唆に富んだいろいろなことが見えてくるし、これからどうしたらよいのかについて考える材料になるからだ。

それでは早速具体例を使って考えてみよう（世の中には初級者向けから専門家向けまでさまざまなテキストが存在しているので、バランスシートの細かな内容について勉強したい方は、ぜひともそういった本を参照していただきたい。実は読んでみると結構面白くできている）。

どんなものをリストアップして整理したらよいのか

山本課長はゲームソフト会社に勤めていて、勤務地は東京・池袋。数年前に埼玉県の川越市に自宅を買い、妻と小学校３年生の長男、幼稚園の長女と４人で生活をしているとする。それでは、山本家のバランスシートについて、順番にリストアップしてみよう。

まずはバランスシートの左側、資産サイドから。ここでは、「形があるもの、重いもの」と「形のないもの」に分けて、リストアップしてみたい。実際のバランスシートも有形資産と、無形資産というように分けるルールがあり、これに従って分類してみる。「形があるもの、重いもの」の先頭打者は、川越の自宅だ。駅からバスで15分、バス停から徒歩10分の少々アクセスが不便な場所ではあるが、自然に囲まれていて空気も澄んでいる。間取りも４ＬＤＫあり、家族４人で快適に暮らせる広さだ。そして、アウトドア志向の山本家は、四駆のステーションワゴンも持っている。春、夏は、バーベキューに出掛けたり、冬はスキーに行ったりするのだが、荷物の積み込めるワゴンは重宝している。これも自宅購入を機に、以前の大衆車から乗り換えたものだ。また、広い間取りに合わせて、家具や家電も大型のものに買い換えた。タンス、ベッド、大画面テレビなど、結構な資産価値があるものを揃えた。

このように、有形資産（形があるもの、重いもの）は簡単にリストアップできるのだが、実際にやってみると、思ったよりも多くの資産を持っていることが分かるだろう。実は、この「意外と多い」という事実が、後にいろいろと考えるときに重要な意味を持ってくる。

次に、「形のないもの」について何があるかリストアップしてみよう。まずは、山本課長が持っている学歴や資格からスタートしよう。今のゲームソフト会社に就職できたのは、大学時代に情報処理を専攻したおかげだし、課長にまで昇進できたのは、入社後も幅広く資格を取って新しいゲームをいくつか開発し、それらがヒットしたから。これから先も、山本課長の学歴や資格は彼のビジネスマン人生を助けてくれるはずだ。

そして、学生生活、社会人生活をとおして得た多くの仲間や友人も大切な資産だ。

また、奥さんと子供たちにとっては、近所との人間関係も大事な資産になっている。同じような世代の奥様たちとのネットワークや子供同士の付き合いは、日常のちょっとした問題を解決するのに本当に役立っているし、何より楽しい時間を過ごすことができている。

また、素晴らしい生活環境によって、家族全員が健康そのものだ。この健康はまさに何にも変えがたい資産。山本課長が体を壊してしまったら、仕事でも家庭でも充実した日々を送ることはできないからだ。

このように、無形資産（形のないもの）は、ちょっと考えてみないとリストアップが難しいが、慣れてしまえば簡単。要は、自分たちの生活にプラスに働くものは何なのか考えてみればよいということ。実際に作業してみると、これまた意外なくらい多くの無形資産に囲まれていることが分かるだろう。

最後に負債について考えてみよう。分かりやすいのは資産を得るためにした借金。山本課長の場合、川越の自宅を購入し、それに合わせて車と家具を新調するために数千万円の資金を銀行ローンで借り入れた。返済期間は気が遠くなるくらい残っている。まさに、資産を手に入れるために背負った返済義務だ。

また、普段あまり意識することはないが、過ぎ去った時間も実は負債として考えるべきものではないだろうか。学歴や人間関係などを手に入れるためには、長い時間を使っているのだから。

そして、家庭のバランスシートから見えてくること

山本課長の目の前には、資産と負債が手書きでリストアップされた紙がある。もちろんリストアップするだけでも、「こんなに多くの資産があったのか」とびっくりするぐらいの項目が並んでいる。しかし、せっかくここまで作業したのだから、もう一歩突っ込んで考えてみたい。そうすることで、さらにいろいろなことが見えてくる。

まず初めに山本課長が考えたのは子供のことだ。2人の子供たちが、将来充実した生活を送れるようになるためには、彼らにどのような資産を与えてあげればよい

■家庭のバランスシートで考えるべきは？

資産	負債
●自宅 ●四駆ステーションワゴン ●家具 ●学歴 ●仕事の経験・知識 ●近所との人間関係	●住宅ローン ●過ぎ去った時間
	資本 ●家庭の価値

のだろうか。家や貯金を残す以上に、形のない資産を与えてあげたいものだと山本課長は考える。自分がビジネスマンとしてある程度の成功を収めているのは、やはりちゃんとした教育を受け、知識や学歴、資格といった資産を手に入れることができたことが大きい。自分の子供たちにも同様に、しっかりとした資産を与えてあげたい。

そのためには、また教育ローンといった負債や、彼らが一人前になるまでしっかりと稼ぐといった時間の負債を負うことになるが、これは親としての責任と同時に喜びでもある、と山本課長は考えた。

次に、日々どんどんと積みあがっていく時間という負債に見合うだけの、有効な資産を形成できているのだろうかと山本課長は自問自答してみる。これまでに彼がいくら資格を修得してきたからといって、無形資産は放っておくと目減りしていってしまうものだ。新しい技術について学ぶだけの自分への投資はちゃんとできているだろうか。やはり、自己研鑽のために週末の1日は勉強に当て、たまには短期で学校に通ってみるのも必要かもしれない。過去の資産だけではこれからの長いビジネスマン生活を乗り切れないことを、彼はよく理解しているのだ。

そして、リストアップされた膨大な資産と負債を眺めながら、「本当にこの資産構成が適正なのだろうか」と山本課長は感じた。たしかにいろいろな資産を山のように持っていることは、それだけで気持ちのよいことではあるか、ただ持っていればよいというわけでもない。例えば、人付き合いのよい山本課長は、多くの会合に出席して、人とのネットワークという資産を大量に持っている。しかし、その資産を保っていくためには時間と努力が必要だ。

仮に同じ時間と努力をほかの資産形成に振り分けることができるとしたら、いったい何ができるのだろうか？

また、川越の自宅についても一抹の不安がよぎる。「もしも、これから先にビジネスマンとしてさらに成長できる機会が訪れて、転職するようなことになった場合、この家は負の資産になってしまうのでは」と。今の通勤時間を考えると、通える勤務地は制限されてしまう。かといって、仮に家族全員で引っ越した場合、地元に根を下ろした奥さんや子供の大事な資産を捨てることになってしまう。さらに、ローンの途中解約や自宅の売却にはさまざまなコストがかかってしまいそうで、これはタフな問題だ。

この場合、山本課長は自分のビジネスマンとしての夢を追うのか、家族としての幸せを優先するのかといった点について、苦しみながら多くのことを考えることになるだろう。

バランスシートを作ることで、家族を取り巻く現実が鮮明に見えてくるが、これは同時に現実を直視するちょっと痛い作業になるのかもしれない。しかしながら、自分そして家族にとって資金も時間も無限ではない。たまには、このような作業も必要なのではないだろうか。

17 ウエートコントロールで損益管理の感覚を磨く

ウエートコントロールに夢中になる世界標準課長たち

アメリカでは肥満体型のビジネスマンは出世できないとよく言われる。自己管理もできないマネジャーが、自分のチームを管理できるはずもないというのがその背景にある考え方だ。たしかに言われてみればもっともな感じもするが、本来ならば体型のことなど余計なお世話だという気もする。

一方で、体重は管理できても自分の家庭を管理できずに、好き勝手に離婚を繰り返すマネジャーがその管理能力については問われることはあまりない。考えてみれば変な話だ。体型は見えやすいが、離婚歴については表面的には見えにくいといったことも影響しているのだろうが……。

思い返してみると、MBAのクラスメートたちは、アメリカ人にしては痩せているタイプがたしかに多かった（もちろん日本人やアジア人と比べると、それでも相当太いのだが……）。よく、コメディ映画に登場するような、いわゆる巨大肥満系はほとんどいない。彼らを街で見かける比率と比べると、キャンパス内でのそれは圧倒的に低いのだ。

そして、スリムなクラスメートたちは、一食で1日に必要なカロリーが摂れてしまうぐらい凄まじく脂ぎったアメリカンフードに囲まれながら、その体型を維持するために涙ぐましい努力をしていた。暇を見つけては、走る、ローラーブレードをする、ジムに行くといったとにかく消費カロリーを増やす努力を絶え間なく繰り返し、食事もローカロリーを意識して、パサパサしたスーパーのすしを食べたりする。

いずれにせよ、世界標準の課長を目指すためには、やはりウエートコントロールぐらいはできるようになっておきたいものだ。いくつになっても締まった体を保つことは、心もシャキッとして気持ちがよい。また、それだけでなく、ウエートコントロールの感覚を常日頃から意識して持っておくと、損益管理のバランス感覚も鋭くなるといったメリットもある。一挙両得なウエートコントロール、さて実際にどんなことに取り組んだらよいか見てみよう。

まずは数字を押さえることからスタート

吉田課長は35歳、身長170センチ、体重80キロで、ちょっと肥満気味なのを気にかけている。彼が1日に必要なエネルギー量は約2200キロカロリー。これは、生きているために必要な基礎代謝と、普段の生活によって消費される熱量を足し合わせた数値だ(このエネルギー量は、簡単に計算できるので、読者の皆さんもぜひ自分に必要なエネルギー量を試算してみてはいかがだろうか)。デスクワークが中心の吉田課長は、普段ほとんど運動することはなく、標準的にエネルギー消費をしている。もちろん、毎日外を歩き回っている課長さんであれば、もっとエネルギー消費量は多いだろう。

いずれにせよ、このエネルギー消費量は、損益計算書での売り上げにあたる項目のようなものだ。より正確に言うと、通常の販売活動を行っていれば見込める売り上げのようなもの。まずはこの数値を認識することから、ウエートコントロールはスタートする。

次に、何を食べると何キロカロリー摂取することになるのかについて、簡単に数値を押さえておこう。これは、損益計算でのコスト管理と同じ意味合いを持つ。販売活動に伴うコストは何なのか理解しておくのと同様に、普段の食事でどれくらいのエネルギーを摂ることになるのか分かっておくことが基本になる。

例えば、吉田課長が標準的な食事をした場合、何キロカロリーのエネルギーを摂取することになるのか具体的に見てみよう。

朝／食パン、玉子焼き、バナナ、カフェオレで約500キロカロリー

昼／カツ丼定食で、約900キロカロリー

勤務中／牛乳たっぷりのコーヒーと、たまにつまむお菓子で約500キロカロリー

夜／煮魚にご飯と味噌汁とつけ合わせで約700キロカロリー

合計で約2600キロカロリーを摂取していることになり、必要なエネルギーをオーバーしてしまっている。これではたしかに肥満気味なのももっともだ。

もちろん、これは標準的な食事であって、実際はいろいろなバリエーションが存在する。どの食べ物にどれくらいのカロリーがあるのかについては、インターネットやノウハウ本でいくらでも早見表が手に入るので、入手しておくと便利だ。食べ物や、外食メニューごとに詳細にカロリーが表示してあり、参考になる。また、最近ではレストランのメニューや弁当にカロリー表示がされていることも多く、これらも助けになる。

しかしながら、カロリー早見表を普段から持ち歩き、食事のたびに詳細にノートにつけるような努力までする必要はないだろう（ほかにやらなければいけないことは山ほどあるはずだ）。ざっくりとした感覚で、こんなものを食べると、大体これぐらいのカロリーだと理解しておくだけで十分だ。

例えば、そば・うどん系やサンドイッチ類であれば約400～500キロカロリー、さっぱりした和食のセットやスパゲッティであれば約600～700キロカロリー、中華料理だと700〜800キロカロリー、洋食や脂っこい和食のセットであれば800〜1000キロカロリー、フルーツ類は100キロカロリー前後、洋菓子類は300〜400キロカロリーぐらいといった感じに。そして、次の食事をするときに、「ここでてんぷらを食べると、今日の摂取カロリーは2500キロカロリーぐらいになるな。ちょっとまずいか……」といった試算ができれば十分。これだけでも、余計なカロリー摂取を控えることはできるようになるからだ。

最後に、消費できるカロリーについて数字を押さえておく。これは、どんな販売促進を行うと、どれくらい売り上げが伸びるのかについて把握するのと似ている。例えば、どんなエクササイズをどれくらいの時間行うと、何キロカロリー消費できるのかについて理解しておくということだ。ただし、これについても詳細に記憶したり、早見表を持ち歩いたりする必要はない。100キロカロリー消費するのに、どの運動だと、何分間必要なのかといった程度で十分だろう。

具体的には、普通にゆっくり歩いて約45分、ジョギングやサイクリングだとその半分で約20分、テニスも大体同じぐらいで約20分。スイミングや縄跳びのような激しい運動だと約15分で100キロカロリーを消費できるといった具合に覚えておくと、自分の空き時間にどんなエクササイズをしようか考えるときの目安になる。

「消費を増やすか」「摂取を減らすか」、まるで損益管理だ

さて、吉田課長はちょっと重めの体を絞って、3カ月間で3キロほどダイエットをしようと思ったとする。これを成功させるには、売り上げからコストを引いて利益を出すように、消費カロリーから摂取カロリーを引いて、ダイエットの原資を確保しなければならない。1キロダイエットするためには、9000キロカロリー分エネルギーを消費することが必要なので、単純に計算して1日300キロカロリーの原資が必要。これをどう捻出していくのか、ここが成功するかしないかの分かれ目になる。

実際にどう取り組んでいくのかについては、「毎日300キロカロリーずつ消費カロリーを増やす」「毎日300キロカロリーずつ摂取カロリーを減らす」「双方の

組み合わせで合計300キロカロリーの原資を確保する」の3つの選択肢が考えられるだろう。それでは、それぞれについて具体的に考えてみよう。

まず、毎日300キロカロリーずつ消費カロリーを増やす場合、具体的にどのようなアクションが必要になるのだろうか。例えば、毎日欠かさずジョギングをするのであれば、約1時間がかかる。仕事が終わってから走るのだと時間が不規則になりそうなので、毎朝早めに起きて暗いなかをひたすら走る。考えただけでも大変な作業になりそうだ。一方で、土日にまとめてカロリーを消費する手もあるが、1回1000キロカロリーを消費するとなると、2時間以上泳ぐことが必要。これまた相当な気合いが必要となる。利益を増やすのに、ただ売り上げを伸ばすだけで解決するのが大変なのと同様に、運動だけでダイエットするのはなかなか大変そうだ。

次に、毎日300キロカロリーずつ摂取カロリーを減らす方法についても考えてみる。吉田課長の場合、脂っこい食事が好きで、普段から200〜300キロカロリーほどエネルギーを過剰摂取気味だ。そこに持ってきて、毎日300キロカロリー分のダイエット原資を確保しようとすると、合計500〜600キロカロリーほど摂取カロリーを減らさなければならない。これを食事に置き換えてみると、会社でのおやつを一切やめて、なおかつ昼食も油物を控えた和食や麺類中心にすることが必要。

これは何とかできそうな気がするが、実際に始めてみると結構なストレスが溜まりそうだ。コスト削減には痛みや違和感を伴うのと同様に、摂取カロリーを控えることは、やはり精神的にタフな作業でもある。

また、消費カロリーと摂取カロリーの両者の組み合わせで1日当たり300キロカロリー分のダイエット原資を確保していくという選択肢もある。例えば、平日は運動しない代わりに、毎日300キロカロリー分だけ摂取カロリーを控える。土日は、必要なエネルギー量2200キロカロリー分の食事をすることで平日に溜まったストレスを開放し、その代わりに水泳とジョギングで300キロカロリー消費を増やす。

結果として、いずれにせよ毎日300キロカロリーずつダイエット原資を確保していく方法だ。この方法は、目先が変わるし食事制限のストレスを週末に開放できるので、比較的取り組みやすいだろう。

もちろん、どの選択肢を選んだとしても、3キロ体重を減らすというゴールにたどり着くことは可能。とはいえ、自分の生活パターンや性格に合わせていかないと、日々実行することは難しい。収益目標を絵に描いた餅で終わらせないためには、実行できる現実的なプログラムが必要なのと同様に、ダイエットも実行可能な内容でなければ頓挫してしまう。仕事とダイエット双方でこの損益管理の感覚を磨くことで、相乗効果が得られるようになりたいものだ。

18　子供の教育は「強み」への投資だ

「強み」を武器に戦うのがビジネスの基本

成功している企業に共通する特徴は何かと考えた場合、「強み」を武器に競合他社との戦いを有利に進めていることが答えとして挙げられる。例えば、規模の拡大や生産効率の向上によって競合他社が追いつけないコストを武器に低価格戦略で戦う。あるいは他社にない技術を使って独自の製品を販売するといった手がある。また、ブランドバリューを築く、他社を圧倒するほどの店舗ネットワークを構築する、他社が真似できないような素晴らしいサービスを提供するといったことも、「強み」を武器にした企業の戦い方の例だ。

ＭＢＡの戦略論では、この「強み」をどう築いていくか、そしてそれらをどう使って実際の戦略に落とし込んでいくのかという点について多くのことを学ぶ。特に、成功企業の事例研究は、具体的で生々しい話に満ち溢れていて、なかなか楽しい授業だった。

もちろん、弱点を補強することが大事であるのは確かだが、いくら弱点をなくしたからといって、強みがなければ結局は「普通の企業」になってしまって、競合には勝てないという事態に陥ってしまうことも多い。世の中には、何となくそつがないのだけれども、全然魅力がなくて買う気をそそられない商品が溢れているが、それらの多くは「強み」から湧き出る魅力が不足している。一方で、大ヒットする商品は、やっぱりどこか尖っていて、その尖がり感はその商品独自の「強み」が生み出しているのだ。

さて、堅い企業戦略論はここまでにしておくとして、この「強み」という考え方は、悲しいことに日本人には不足しているような気がする。いろいろなところで言い古されている感じはするが、それでもやっぱり普段の生活に根付いているとは思えない。例えば、「あなたの強みは何ですか」と聞かれて、瞬間的に答えられる人は少ないのではないだろうか。

これは常日頃から自分の「強み」について意識していないということ。これでは、「強み」を使ってビジネスの世界をサバイブする、魅力的な人間になるという次のステップまで進むのは難しい。まずは、じっくり自分を分析してみれば、これまで気づかなかった「強み」がいろいろと見えてくるだろう。

一方で、自分の子供たちについて考えてみよう。放っておいても勝手に育つというのはちょっと乱暴な考えで、生まれ持った「強み」と、成長に合わせて身につける「強み」の両方について、すこしでも多くのものを与えてあげたいと思うのが親の心情だし、子供を生んだ責任だと筆者は考える。本章では、具体的にどんな考え方と方法で「強み」をつけてあげたらよいのかについて考えてみよう。

まずは、子供が持つ可能性の芽を見つけることからスタート

子供はまるで、創設前のベンチャー企業のようなものだ。将来「強み」になりそ

うな可能性の芽を多く持っているが、まだそれらは「強み」にまでは昇華されてはいない。しかし、重要なのは、どんな子供でも可能性の芽を持っているということ。それらを早い段階で発見してあげることが親の役割になる。これはベンチャーキャピタルが投資するベンチャー企業を発掘してくるのに似ている。可能性の芽を発見し、それをうまく伸ばして「強み」に仕立てあげることで、双方に富が転がり込む。

では、子供の持つ「強み」の芽について具体的に考えてみたい。まずは、子供が将来「強み」を使ってどの市場（どんな場面）で成功してほしいかというゴールを考えることから始めよう。

具体的には、ビジネス界で成功することをゴールとするケースや、充実したプライベートライフを送ることをゴールとするケース、そのなかでも異性にもてることをゴールとするケースなどが考えられるだろう（最後のゴールは自分の憧れを投射した、ちょっと歪んだゴールのような気もするが……）。

次に、各ゴールにおいて、一体どんな「強み」があると成功の確率が高くなりそうなのかについて考えてみる。例えば、ビジネス界で成功するためには、企画力や発想力、分析力、推進力や実行力、リーダーシップ、交渉力などで人よりも「強み」を持つことが成功への要因になるはずだ。

また、充実したプライベートを送るためには、人間としての魅力を高めて素晴らしい多くの仲間を持つことや、心から楽しめる趣味を持つことが大切になってくる。そして、そのためには、コミュニケーションの能力や発想力、人の心を理解する力や行動力といった部分での「強み」が必要になってくる。家族や友達から「あの人と一緒だといつも本当に楽しい」と思われるぐらいの人間になってくれれば、そして本人も心の底から人生を楽しんでくれるとしたら、親としてやっぱり嬉しいものだ。

ひるがえって、自分の子供のことを見てみよう。彼らは何かしらの「強み」の芽を持っている。例えば、ほかの子供よりも好奇心が強い、人見知りしないで誰とでも仲よく遊ぶ、なぜか分からないが計算が好き、心が和むほどの笑顔になるなど、よく観察してみると非常に多くの可能性の芽を発見できるだろう。

まずはこのように、今の時点でどんな芽を持っているかきちんと把握しておくことが出発点になる。この作業なしで、いろいろと「強み」を作るための努力を課したとしても、それは子供にとっても苦痛になるだけだ。ボールを蹴るのが生まれもって得意な子供に、無理やり水泳を習わせたとしても、うまくいく可能性は低そうだ。きちんと頭を使って子供の可能性について分析することは、親としてまずは最低限すべきことではないだろうか。

例えばあなたに5歳の息子、太郎君がいるとしよう。彼には自分と同等、いやそれ以上にビジネスの世界で成功してほしいと願ったとする。ビジネスマンとして大成するためには、どんな「強み」が必要なのかはいろいろな事例や社内で出世している輩から理解しているつもりだ。特にこれからは、ゼロから発想して何か新しい戦略を生み出す力と、変化を恐れずにまわりのメンバーを巻き込んで仕事を推進するだけのリーダーシップが必要だと痛感している。

一方で、太郎をよく観察してみると、とにかく好奇心のかたまりで、次々と新しい遊びに夢中になっている（しょっちゅう新しいおもちゃをねだられるのが悩みの種ではあるが）。また、休日に友達と遊んでいる姿を見ていると、なるほど昔のガキ大将とはいかないまでも、「ねえ太郎、次は何して遊ぶ?」「そうだなあ、やっぱ何々かな」とちょっとしたリーダー気取りだ。そこであなたは考える、この強い好奇心とみんなから意見を求められる部分が将来の太郎の「強み」になる可能性の芽なんだろうなと。

この「強み」の芽はあれもこれもとたくさんある必要はない。もちろん、すべてにおいて「強み」を持ってもらいたいと親としては考えてしまいがちだし、そのために何でもかんでもやらせようと思ってしまいがちだが、これはあまりお勧めできない。どんなに成功している企業だって、あらゆる面で「強み」があるわけではないのだ。本当に一握りの「強み」をうまく使って彼らは成功している。

自分の子供に「強み」を与えるときも、同じように考えよう。将来、特に優れている「強み」が2つ3つあれば、成功する確率は高くなる。ポケットの中にいつでもジョーカーを2、3枚持ってトランプをするようなものなのだから。

可能性の芽を「強み」に仕立て上げるには投資が必要

子供が持っている可能性の芽も、そのままでは育たない。せっかくの可能性だ、ここはあなたが能動的にアクションを起こすことで、その芽を「強み」にまで昇華できる確率を高めよう。ベンチャーキャピタルは可能性があるベンチャー企業に投資をするが、投資とは単純に資金の供与だけではない。可能性を高めるために必要な時間を与え、必要に応じて人材を提供する。子供の教育に関しても同じことが言える。単に学校や塾に通うだけの費用を捻出すればよいというわけではない。一緒に過ごす時間や直接話しをすることで与えられることも多い。超一流のベンチャーキャピタリストになった気分で、子供を育てるぐらいの気概がほしいものだ。

例えば、学校や塾に通わせるときであれば、当然のことだが子供が「強み」を築けるようなところに行かせるべきだ。とにかく計算が好きな子供であれば、将来他のビジネスマンがかなわないぐらいの分析力を手にできる可能性がある。この場合、単に機械的な計算を学べるだけでなく、なぜその計算手法は役に立つのか、どんな場面で使えるのか、それを使うことでどんなことが分かるのかといったところまで教えてくれる学校に通わせてあげたい。

もしもそのような学校がないのであれば、まずは計算手法について学校で学ばせて、「なぜ」や「どのように使うのか」といった部分は親であるあなたが普段の会話で補ってあげればよい。具体的には、子供が足し算について学んだとすると、その後で「そうか、そんな風に計算するんだね」と確認した後、「じゃあ、どんなときに使ったらよいのかな」といった質問をしてあげるだけで、子供の分析力はどんどんと成長していく。そして、長年そういった質問を繰り返すことで、子供の分析力は「強み」にまで昇華される可能性が高まっていくのだ。

最後に蛇足になるが、子供の弱みをどう矯正していけばよいかについても少々考えてみたい。結論から言えば、弱みは成長に合わせてだんだんと克服されていくものだし、今の日本の教育でカバーされるだろうから、あまり気にしなくてもよいのではないかというのが筆者の持論だ。

それに「おまえはここが弱いから、こうやって直せ」といったコミュニケーションを繰り返してしまうと、きっと子供は自分の「強み」の芽に気づく前に、自信をなくしてしまうだろう。また、いくら弱点をなくしたとしても、それだけではこれからの時代、ビジネスマンとしては成功できないし、人間的な魅力も持てないのではないだろうか。

特にまだ子供が小さいうちは、弱点の克服に投資するのではなく、「強み」の芽を発掘し、それを伸ばすことに力を注いであげたいもの。突き抜けた「強み」がある子供がどんどんと成長していく。そんな姿を想像しただけで、胸が高まりはしないだろうか？

第4章

MBA的自己実現術

19　ＭＢＡ流自己紹介で自分自身をよく知ろう

ありきたりの自己紹介では、あなたが何者かよく分からない

あなたは自己紹介をするときに、どんなことを喋っているだろうか。「昭和何年に、どこどこで生まれました。高校は何々高校で、大学は○○大学の××学部です」――そして、入社年度、所属した部署、家族構成、趣味、座右の銘などなど、事実を並べながら、多少のユーモアを交えて自分を紹介する。これが一般的な自己紹介だ。この方法では、あなたにまつわる事実については伝わるが、肝心の「何者なのか」という点については、よくみえないし、自分自身をよく把握できない。

もちろん、人様に自分を紹介するためにはこれで十分だ。突拍子もない自己紹介をして、奇人変人に思われるのは社会人として得にはならないので、この手の普通

の自己紹介については、いくつかのパターンを持っていればよいだろう。しかし一方で、もっと自分自身のことをよく理解するために、この自己紹介という手法を有効に使えるのをご存知だろうか。

ＭＢＡ保有者は、実はちょっと変わった自己紹介のバリエーションを使いこなすことができる。これは、実際のＭＢＡで自己紹介の仕方に関するトレーニングを受けることで身につくのではなく、企業価値の分析手法などについて習うことによって、自然と体得していく。特に、会計学や企業財務、そして戦略論の授業で学んだ内容が、自己紹介のなかに無意識のうちに入り込んでくるのだ。

本章では、ＭＢＡ流自己紹介の手法とその背景にある考え方を紹介したい。それでは、実際に事例を使いながら考えてみよう。

自分を会社に見立てて、どんな資産を持っているのかリストアップしてみる

まず、あなたにまつわる基本的な情報については当然のことながら言及する必要

がある。企業が自社の沿革については資料を公開しているのと同様だ。これは大事な項目のひとつだが、今まで慣れ親しんできた自己紹介の手法でカバーされているだろう。

しかし、企業情報で沿革よりもさらに重要視されるのは、貸借対照表や損益計算書などの財務・会計情報だ。どんな資産を持っていて、一体いくら儲けているのかといった情報が、その企業の中身を知るためにはより重要な情報になってくる。特に貸借対照表は、その企業の持つ資産が明記されていて、会社の概要を知るには使える資料だ。では、この貸借対照表を今度はビジネスマンのあなたに当てはめて考えると、何が資産になるのか考えてみよう。

まずは、業務経験や仕事を通じて身につけたスキルは、間違いなくビジネスマンであるあなたにとっての資産だ。そして、仕事に関する経験やスキルではなく、学生時代や子供の頃から続けている趣味も、仕事を進めるうえでプラスに作用する場合もある。これらはやはりあなたの資産だ。

ただし、ひとつ気をつけないといけない点がある。単に経験した、こんなことができるというだけでは、ビジネスマンとしての資産にならない。例えば、子供の頃からケン玉が得意といったようなことは、あなたがビジネスマンとして活躍するためにプラスに作用するかは少々疑問だ。将来、あなたがビジネスの世界で価値を生み出せるであろう業務経験やスキルがあなたの資産だ。

さあ、早速リストアップしてみよう。

ではここで、今回は鈴木課長に登場してもらい、彼をサンプルにしながら何がビジネスマンの資産になるのか考えてみよう。鈴木課長は、大学の工学部を卒業し、現在は食品メーカーの商品開発部で、新商品の企画・開発を担当する課長に就任することになったとする。

鈴木課長は、大学時代に統計学を専攻してきたので、統計的な手法や、表計算ソフトを使ったシミュレーションのスキルに長けている。まずはこのスキルを資産のリストに入れよう。

食品メーカーに入社してから最初の数年間は、支店で営業マンをしてきた。営業マン時代は、とにかくスーパーなどの現場に張りついてじっくりと販売の最前線を見てきたので、商品や現場の知識は豊富だ。また、顧客のニーズを把握する能力も高い。具体的には、買おうか買うまいか悩んでいる人に、最後の一押しでどんなことを言えば、その商品を買ってもらえるのかについて、デモ販売の経験からツボをよく知っている。これは、現場経験と販売スキルの双方の資産を持っているということだ。やはり、資産リストに入れよう。

調査部に配属になってからは、顧客分析などを数多く経験してきた。業務を通じ、顧客をセグメントごとに分解して、それぞれのセグメントの購買行動やニーズの違いについて定量的に分析する能力を身につけた。これもやはり業務経験とスキル両面での資産になるので、資産リストに入れない理由はない。

また、プライベートの面では、子供の頃からサッカークラブに所属し、今でも毎週末はサッカーに明け暮れている。ポジションはミッドフィルダー。全体を見渡す能力、チームの司令塔としてタイミングよく指示を出せる能力がある。これも資産リストに入れよう。なぜなら、こういったスキルはチームを率いてビジネスを進めるうえで、プラスに作用するからだ。

加えて、大学時代にはロックバンドに熱を上げ、ギターを担当していた。プロ志向の強いメンバーが多かったため、単なるコピーバンドではなくて、オリジナル曲を作ってライブハウスなどで演奏していた。これも資産リストに加えよう。創造性という、ビジネスでは不可欠なスキルを、作曲活動をとおして身につけたという理由から。

それでは、リストアップした資産について言及しながら自己紹介の内容を考えてみよう。

「私こと鈴木英雄は１９６５年生まれで東京出身です。大学時代は工学部で統計学を専攻し、統計的なアプローチや表計算ソフトの使い方について学んできました。平成元年に入社し、最初は名古屋支店で営業マンをしていましたが、この時代に販売の最前線で、お客様のニーズ把握や売れる店舗作りについて現場の経験を積み、販売スキルについては実地で身につけました。本社に転勤になってからは調査部で、主に顧客分析に携わり、顧客ニーズの分析や定量化の手法について体得しました。趣味はサッカーで、ポジションはミッドフィルダーをしています。サッカーをとおして学んだことは、チーム全体を運営することです。また、大学時代にオリジナル曲を演奏するバンドにいたので、新しいものを作り上げる方法についても経験をとおして学びました……」

これまで慣れ親しんできた自己紹介と少々感じが違うので、最初のうちは違和感を覚えるかもしれない。でもそれでOK。この自己紹介は自分をよく知るための手法であって、人前でのそれとはまったく別ものだ。徐々にこなれてくると、この自己紹介の一部を今までの自己紹介に織り込むことができるようになってくる。そこまでできるようになったら合格ラインだ。

自分の資産で、どんな価値を生み出せるのか考えよう

さて、ここまでで、あなたのビジネスマンとしての資産価値については把握することができた。しかし、財務の手法を使って企業価値を計算する場合、会社の価値＝資産価値の積み上げにはならない。

例えば、ある企業は保有している資産価値を積み上げた場合、その価値は100億円なのだが、株価をもとに計算された企業価値は300億円ある。この差は、その企業が資産を使って将来生み出すであろうキャッシュフローをベースに計算されている。つまり、ブランドバリューや販売網、優秀な人材などの資産が生み出す利益は、単なる資産価値の合計とは一致しないということ。この差が大きい程、その企業は資産の持つ強みを有効活用しているということだ。

同じ考え方を使って、あなたが持っている資産、つまり業務経験やスキルが、ビジネスマンとしてどんな価値を生み出すことができるのか考えてみよう。

今回登場してもらった鈴木課長は、MBA流自己紹介で見たとおり、かなりの資産を持っている。具体的には、統計学の知識、表計算ソフトを使いこなすスキル、商品知識、現場での経験、定量分析のスキル、チームを統率するスキル、創造性といった資産を持っている。では、これらの資産を有効活用し、鈴木さんは商品企画部の課長としてどんな価値を生み出せるのだろうか。

まず、現場での経験と調査手法を使って、顧客がどんなニーズを持っているのか、より現実的なデータを抽出することができる。また、表計算ソフトの技を使って、どれくらいの潜在市場があるのか試算できるだろう。また、創造性を発揮して、これらのニーズを満たし、かつ競合他社が売っていない新商品を開発できる可能性は高い。また、非常に複雑な商品開発のプロセスをプロジェクトチーム構成で進めるのに、全体を見渡して、適切な指示を出すこともできるだろう。つまり、ビジネスマンとして持っている資産を組み合わせることで、鈴木課長が成功確率の高い新商品を開発するという価値を生み出せるということだ。

さあ、皆さんもMBA流自己紹介にトライしてみよう。そして、今の仕事や将来やってみたい仕事で、自分が持っている資産をどのように組み合わせて価値を生み出せるか、ぜひとも考えてみようではないか。

20　〝あなたブランド〟をマネジメントしてみよう

あなた自身がブランドだ

一体、あなたは社内でどのような課長だと思われているだろうか。仕事ができる実力派、部下を育てることに優れた社内教師、まわりを巻き込んで仕事をする達人などなど、いろいろな印象を持たれているのではないだろうか。そう、あなたの仕事振り、人柄などがあなた以外の社員のフィルターをとおして、ある種のイメージが作られているはずだ。

このイメージは、企業にとって最も大切な資産のひとつ、ブランドと同じ性質を持っている。言い換えるなら、〝あなた〟から連想されるイメージは、例えば、ソニー、コカ・コーラ、スターバックス、ナイキなどの企業ブランドと同じものなのだ。企業ブランドが単なる機能や利便性といった商品の機能を超えた価値を顧客に与えるのと同じように、あなたというブランドは、あなたの仕事の成果物を超えた価値をまわりに与えることができる。

企業ブランドは、強力な武器になる。例えば、強いブランドは競合商品よりも高く売れる、いわゆるブランドプレミアムを享受することができる。ファイナンス的にも強いブランドを持った企業は、企業価値を高めることが可能だ。戦略的なオプションも、幅が広くなる。

さあ、本章では、どのように〝あなたブランド〟を高めていったらよいのかについて考えてみよう。

まずは、自分がどんなブランドなのか理解しよう

例えば、ある会社の同じ部署に2人の課長がいるとしよう。小林課長は、いつもきっちりとした仕事を仕上げるが、どうにも仕事を進めるプロセスでまわりが一緒

に働いていて楽しい気分になれない。逆に、部下や同僚から絶えず不平不満の声が聞こえてくるような仕事ぶりの課長さんだ。

一方で、もう一人の山本課長は、小林課長と同様に仕事はしっかりとこなすのだが、それだけではなく、一緒に働いているまわりの人間を楽しく、何かこうワクワクした気分にさせてくれる。やり終えた仕事に対して、関わった部下や同僚は高い満足感を得られる。まるで、何かすごい仕事を仕上げたような気分にさせてくれる。仕事量的には、山本課長と一緒に働くのも小林課長と一緒に働くのも変わらない。むしろ、山本課長と働くほうが投下時間は長いぐらいなのに、それに対する不満も出ない。

課長として同じだけの結果を残しているのに、まわりに与える印象はこれだけ違う。この違いは企業ブランドが消費者に与えるブランドイメージとよく似ている。例えば、同じ性能の電気機器を使っていても、あるブランドの製品だとそれを持っているだけで楽しくドキドキした気分になるのに、他の製品だと単なる機能の寄せ集めでしかないのと同じようなものだ。

さて、あなたはどのようなブランドイメージをまわりから持たれているのだろうか。まずは社内で、忌憚《きたん》のない意見を言ってくれる何人かの上司、課長仲間、あるいは部下に聞いてみよう。そしてあなたというブランドそのもの、つまりは人格的な部分や、あなたの仕事の進め方に対してどんな印象を持っているのか詳しく意見を集めてみるとよい。すなわち、あなたの名前から純粋にどんなことを連想するのかについて、あたかもある企業ブランドから、どんなイメージを連想されるのかを顧客サーベイで調べるかのように集めてみよう。

今回の例で登場してもらった山本課長の場合、「なんだか一緒に仕事をすると楽しく元気な気分になる課長」というイメージを持たれていた。これはなかなかのブランドだ。

次に、あなたブランドは、何が強みで、逆にどんなところが弱点だと思われているのかについてもブランドサーベイと同じように調べてみよう。ここから、あなたブランドの意外な側面が発見できる。

例えば、くだんの山本課長は緻密で正確に仕事をすることが自分の強みだと思っていたが、実は一緒に仕事をするメンバーを巻き込んで仕事をすることが強みだと思われていた。具体的には、冗談を交えながら短い議論を楽しく進めるところをまわりが高く評価し、一緒に働いて楽しいと思わせる山本ブランドの源泉だということが分かった。

たしかに、言われてみれば、自分にとってあいまいな理解で仕事を進める気持ち悪さをなくすために、部下やメンバーにちょっとしたことを聞いて回る癖があったし、そのようなときでも、忙しい相手のことを思って、なるべく楽しく自分の会話に参加してもらおうと気を遣っていたのは事実。また、自分で納得できるように、こまめにいろいろと質問をして歩くことが、相手の頭を刺激し、考えるための起爆剤になっていたらしい。

逆に、正確無比と自信を持っていた仕事ぶりは、ともすると時間がかかりすぎというイメージをまわりに持たれていた。特に一人で仕事をするときには、必要以上に詳細にこだわる悪い癖があるようだ。まわりからは、もっと雑で粗い内容でもよいから、もう少し早く資料をまとめてほしいと思われていたことが分かった。

これは非常に面白い発見。自分で認識しているブランドイメージは、実はまわりの認識とずれているということが分かったからだ。本来自分では強みだと思っていなかったところが強いと思われていたり、その逆に自分で強みだと思っていたところがまわりから見るとウィークポイントだったりと。肝心なのは、現時点でまわりの仕事仲間にとって好意的に思われている部分は、そのままあなたブランドの強みとして活用できるという点だ。

さて、この山本課長は、今よりもさらにブランドイメージを高めたいと思った。さあ、次はどのような方法でブランド価値を高めたらよいかについて考えてみよう。

〝あなたブランド〟を高める方法

まずは、自分がどんなブランドになりたいか考えてみることが出発点になる。例えば、山本課長は、「あの課長と一緒に働くと楽しいし、しかも自分が賢くなったような気分になれて尊敬できる。それに、どんなに込み入った仕事をするにも、最短の時間で仕上げてくれる課長」という少々欲張ったブランドを構築したいと考えたとしよう。

実際、あなたが自分のブランドについて理想像を思い描くとき、これぐらい欲張ってもいい。初めからそこそこのブランドイメージを目標にしていたら、実際にはそれ以下のつまらないブランドにしかなれないのだから。

次に、相手にとって関係があり、親しみやすいブランドを作り上げる努力をしよう。そのためには普段の仕事ぶりや身のこなしから醸し出すイメージが大事だ。例えば、気難しく偉そうに振る舞うことで、課長としての威厳のあるブランドを作り上げることはできるだろうが、しかし、そうすることによって、あなたブランドを受け入れる顧客ターゲットは狭められてしまう。現実には、親しみやすく、かつ威厳のあるブランドは山ほど存在するのだ。

例えば、山本課長の場合、この親しみやすさは今でもブランドイメージとして確立されているので問題はないが、これまでときどきあった気分のムラをなくすように気をつけることで、さらに親しみやすいブランドへと進化させることができる。

また、ブランドは親しみやすいだけではファンは増えないし、まわりを魅了しない。相手からあなたブランドはほかの課長ブランドとは違うと思われるほどの、圧倒的に差別化できる内容が必要だ。例えば、社内であなた以外の誰にもできない仕事があるとしたら、それは差別化の源泉になる。もしも現時点でそういった技量や経験がない場合、これから努力して作り上げればよい。

山本課長であれば、分かりやすい企画書を最短の時間で仕上げることでほかの課長と差別化を図るように考えたとしよう。だとすると、今の仕事のスタイルを変えないと駄目だ。詳細にこだわるのではなくて、大きな視点から、何が意思決定に必要なのかを瞬間的に考えて、バリバリと作業に移るスタイルに変更することが必要だろう。これは頭を使う作業だし、山本課長にとっては相当のチャレンジになるが、山本ブランドを高めることを目標に、常日頃からトライし続ける価値がある内容だ。

そしてまた、ブランド価値を高めるためには、尊敬されるようなすごさが必要だ。

きちんと仕事をこなすのは当たり前。そのうえで、さらに相手をびっくりさせるような価値をつけ加えることが不可欠。山本課長の場合であれば、仕事で関わりのある人と短い議論をするときに、相手の言った内容から要点を抽出し、3つのポイントにまとめてあげる技を使いこなせるようになると、議論に参加してくれた人をすっきりした気分にさせることができるだろう。これもまた地道なトレーニングの積み重ねでだんだんと身につけていけるものだ。

〝あなたブランド〟のファンを増やそう

最後に、やはりブランドは認知されていないと意味がない。どんなに優れたブランドでも、知られていないのであれば、存在しないのと同じなのだ。だからといって、社内で知り合いをたくさん作るために、日替わりでランチや飲み会スケジュールを立てなくてもよい。簡単な話だが、仕事で関わる相手にほんの1～2分、自分の仕事に対する考え方、つまり自分が目指しているブランドを紹介するだけでいい。そして、このブランド紹介は折に触れて繰り返し行うことで相手に認知され、実際にあなたと仕事をすることでその認知がブランド経験に昇華される。

ここまでくれば、その相手はあなたブランドのロイヤルカスタマーになってくれるだろう。まるで、テレビCMで繰り返し見せられるブランドイメージが消費者の頭に植えつけられ、そして実際に商品を購入しそのブランドを体感することで、ブランドのファンになっていくように。

さあ、あなたもこのブランド価値を高める技を日々実践しよう。そして、あなたブランドのファンをどんどん増やそうではないか。そうすることで、毎日の仕事はより進めやすくなるだろうし、今以上の付加価値を生み出すことができる。結果としてあなたのまわりには仕事の仲間が増えてくるし、あなたブランドを人づてに聞きつけて、やりがいのある仕事に参加してほしいといったオファーも舞い込んでくるようになるはずだから。

21　今の仕事に不安を感じたときに考えるべきこと

誰だって仕事に不安を感じることはある

どんなときでも自分の仕事に心の底から満足できて、「このまま一生この会社で働き続けたい」と思えるほどに恵まれたビジネスマン生活を送っている方は少ないのではないだろうか。逆に、「私のビジネスマンとしての人生はこのままでよいのだろうか」といった漠然とした不安は、誰しもきっと胸のどこかに抱えながら毎日仕事をしているはずだ。

猛烈に働いて素晴らしい成果が出た後、またその反対に、課長として最高の付加価値をつけたにも関わらず社内のつまらない力関係や、コントロールできない不確定要素に影響されて結果が出なかったとき、ふっと仕事や会社に対する不安が頭をよぎる。そして、帰りの電車で窓に映る自分の顔を見ながら「本当にこれでいいのだろうか」と自問自答したり。あるいは社内の別の部署で働く同期や学生時代の友人と久しぶりに会い、お互いにどんな仕事をしているのかを話しながら大量のアルコールを摂取した後、なぜか一人だけビジネスマンとして取り残されているような気持ちになったり……。

本章では、そんなときにどのようなことを考えたらよいのかについて、いくつかの考え方を提案したい。不安を単なる不安のままで終わらせていては何も解決できない。ふわふわと浮遊する漠然とした気持ちを、頭を使って考え抜いて整理することで、次にどんなアクションを起こしたらよいのか見えてくるのだから。

一体何が不安の根になっているのか

漠然とした不安をそのままにしておいても、何の解決にもつながらない。感傷的な気分に酔ったり、いたずらにストレスを溜め込んだりしているうちに、時間はどんどん過ぎていってしまう。不安を解消するためにアクションを起こす必要があるとしたら、一刻も早いほうが機会損失を少なくできる。まずはその第一歩として、漠然とした不安をバラバラに分解して、何が不安の根になっているのか発見することからスタートしよう。

考え方の枠組みとしては、（1）今置かれた状況で、何が不安の種となっているのか、（2）長期的なビジネスマンとしてのキャリアゴールを考えたときに、どんなことが不安を生み出す原因になっているのか、そして（3）仕事とプライベートの両面から考えたとき、何が不安の源となっているのかという、3つの視点から考えてみると頭の中はだいぶ整理されてくるはずだ（もちろん、これ以外にもいろいろな切り口はあるので、読者の方々が自分にとって一番適した枠組みを使うこともお勧めするが、短時間で手っ取り早く頭を整理したい場合は、今回提案する3つの枠組みを使ってしまっても問題はないと考える。筆者を含めて多くのビジネスマンの方が、ほぼ似たような枠組みを使って自分のビジネスマンとしての生活について整理しているというのがその理由だ）。

それでは、まずは（1）の「今置かれた状況で、何が不安の種となっているか」という点から考えてみよう。

普段の仕事に面白みを感じないということを経験することは多い。これには2つの原因がありそうだ。まずは、「自分が今の仕事で課長として十分な付加価値をつけられることができず、結果として実績が上がらない」というのが最初に考えられる原因。

例えば、課長としてうまく部下を使いこなせない、またはあれこれと考える仕事にまだ体がついていかないといったことで、自分の課長としての資質に不安を感じてはいないだろうか。この場合は、課長としてうまく立ち回れるようにしっかりとトレーニングを積むことで、不安を解消できる可能性は高いし、時間が解決してくれる可能性が高い。不安のレベルとしては、それほど深刻ではないのではないだろうか。

しかし一方で、「課長として十分な付加価値をつけられているのにも関わらず、仕事に面白みを感じない」ケースの場合、話は少しややこしくなる。

あなたがこれまで経験してきた業務や、身につけてきたスキルから、もっと付加価値をつけられるほかの仕事があるのではないかと考えている場合、どれだけ今の仕事で付加価値をつけていたとしても、きっと不安は消えない。

例えば、あなたはかつて営業マンとして輝かしい実績を上げ続け、そのおかげで支店の販売課長になり、今でも毎月の課の目標をきっちりと達成していたとする。ところが本当は、自分の強みである交渉力やチームを動かす力、そして数字を精緻に分析するスキルを使って、もっと大きな仕事、例えば提携や合併といった仕事をしたいと思っているとしたら……。

きっとこのまま支店に残っていたとしても、胸の奥にある不安の塊はずっと消えないだろう。「もっと何かすごいことができるはずなのに、このままの仕事が続いてしまうのだろうか」――そんな気持ちを抱えながら仕事をすることになる。このような不安を抱えている課長さんは、何かしらのアクションが必要になってくるのではないだろうか。

次に（２）の、「長期的なビジネスマンとしてのキャリアゴールを考えたときに、どんなことが不安を生み出す原因になっているのか」というケースについてみてみよう。

読者の方々は、ビジネスマンとしてどんなゴールを持っているのだろうか。今いる会社で取締役になる、あるいは独立して自分で事業を起こすといったように、その姿を思い描けるようなゴールを持っているだろうか。仮にそうだとしたら、現状とそのゴールとのギャップが不安を生み出す原因になっている可能性が高い。

将来こうなりたいと思う姿に近づくために、今何が足りないのか。そして本当に今のままでそのゴールに到達することができるのか。そう考えるだけで不安になるのはむしろ健全だ。世界標準の課長を目指すのであれば、絶えずゴールが進化するはずだし、そのたびに現状とのギャップに苦しむのが普通なのだから。

具体的に考えてみよう。例えば、あなたは今働いている業界の将来について、もはや魅力を感じなくなってしまっているとする。今の会社を選んだのは、まだ世の中について何も知らなかった学生時代。となれば、このような気分になるのは十分に理にかなった話だ。もしもあなたが自分の業界に夢も希望も感じなくなってしまっているとしたら、このままその業界に残ることにどんな意味があるのだろうか。残されたビジネスマンとしての時間を無駄に使ってしまうことにならないだろうか。

また、今の会社の幹部には、自分が「こうなりたい」と思えるような人材がいないとしたら。頭をフル回転させて、会社にとって本当に正しいことをするのではなく、つまらない社内政治に長けた輩だけが経営幹部にのぼりつめているとしたら。逆に、自分がロールモデルとして慕っていた先輩たちが次々と転進し、外の世界で活躍していたとしたら、あなたはどんなことを考えるだろう。

がむしゃらに働く平社員のころはよかったが、これから会社の中枢を担っていく立場になって、実は会社のカルチャーとあなたとのフィットが悪いことが見えてしまった場合、抱える不安は根深いものになってしまうだろう。

またほかにも、自分のビジネスマンとしての究極の姿にたどり着くためには、もっと足りない部分を補えるような仕事がしたい、またはお互いに刺激を与え合うことができて、そして共に成長できるような仲間と一緒に働きたいと思っていたとする。ところが社内を見渡してみても、そんなふうに向上心に溢れた上司や同僚の課長がいない場合、不安はどっと噴き出してしまうだろう。

では最後に、（3）の「仕事とプライベートの両面から考えたとき、何が不安の源となっているのか」について考えてみよう。

もしもあなたに仕事と同じぐらい熱意を持って打ち込める趣味があって、そのために時間を確保したいのに、仕事が忙しすぎて時間が取れないとしたら、「本当に仕事だけの人生でよいのだろうか」という不安を持って当然だ。また、家族と多くの楽しみを共有するために、もっともっと一緒にいる時間が欲しいと思っている方も多いだろう。子供たちはあっという間に成長してしまうし、過ぎ去ってしまった時間は取り戻せない。

ＭＢＡ留学中に多くの友人たちが「家族や自分の趣味のためにどれくらいの時間を確保できるか」という点を、仕事選びの基準としていたのを思い出すが、やはりプライベートの生活があってのビジネスマン人生だ。どちらかを犠牲にしてまで他を優先する生き方は、短期的にはうまくまわっても、きっと長期的には破綻する。

あるいは、もう過去に戻れないぐらいまで年を重ねたときに、どうにもならないぐらい激しい後悔に苦しめられるのかもしれない。

こうやって細かく分解してみると、何が不安の原因になっているのかだんだんとクリアに見えてくる（原因がひとつの方、複数の不安の種がある方、いろいろなパターンがあるだろう）。とはいえ、不安の根が分かったところで、まだ何ひとつ解決されたわけではない。では、具体的にどのようなアクションを起こすことで不安を解消できるのか考えてみよう。

さて、どうしようか？

結論から言ってしまうと、起こせるアクションの選択肢はそれほど多くない。今の会社に残って能動的にアクションを起こすか、それとも思い切って転職するしかないのだ。

仮に会社に残るのであれば、不安の根を取り払うために今の職場を自分から変えられるように働きかけるのか、あるいは、社内で別の部署に異動することでより自分らしい付加価値がつけられたり、将来のゴールに近づくことができたりするのであれば、積極的にそうすべきだろう。

もちろん我慢は美徳だという声があることは否定しないし、ある程度の我慢はサラリーマンとしては致し方ない部分はある。しかし、残された長いビジネスマン人生をずっと我慢し続けることにどれだけの意味があるのだろうか。答えはあなた自身が持っているはずだ。

そしてまた、今の会社に残っていたとしても自分の不安を解消できる可能性がないことが明白ならば、思い切って転職する手もあるだろう（転職をするときにどんなことを考えたらよいのかについての詳しい話は、次項に譲ることにする）。

22　大胆な転職をするには「ダウンサイド・リスクのヘッジ」が必要だ

一回きりの人生だ、大胆に生きよう

「人生はやりなおしができない。大胆に生きよ！」

自分の人生に転機が訪れると、いつもこの言葉を思い出す。筆者の両親が結婚するときに、今は亡き祖父が父親に贈った言葉だ。あとから聞いた話だが、祖父はこの言葉とはまったく反対の人生を送ったらしい。そして、自分の人生をもうやりなおせない年に差し掛かったときに、これからさまざまな人生の決断と直面する息子にこんな言葉を贈った。

もしも、もう一度自分の人生をやり直せるなら、もっと大胆に、果敢に生きてみたい。そう思いながら若い夫婦の姿を眺めていたのかと思うと、ちくちくと胸が痛

む。

読者の皆さんは、自分のビジネスマン人生について、普段どんなことを考えているのだろうか。前項で述べたように、もはや今の会社に魅力を感じなくなっていて、できればまったく新しいビジネスマンライフをスタートさせたいと思いながらも、やっぱり決断できないまま、悶々とした毎日を送っているのだろうか。それとも、「大人になるとは諦めること」と、どこかから借りてきたような言葉で無理やり自分を納得させたりしているのだろうか。

だからと言って、何もかもを投げ打って転職をすることが大胆な人生だとは思えない。転職に伴うリスクをきちんと把握せず、いざというときの対応策なしで新しい職に就くのは、単なるギャンブル以外の何ものでもないからだ。まるで全財産をかけてスロットマシーンを回すようなもの。

大胆な転職をするためには、事前にしっかりと頭を使ってリスクについて考えておかないといけない。言い換えるなら、リスクについてきちんと理解できるからこそ、思い切って大胆な転職ができるのだ。

最終項である本項では、どのようにリスクを把握し、普段からどのようなことをすれば転職に伴うリスクを管理できるのか考えてみたい。キーワードは、「ダウンサイド・リスクのヘッジ」だ。

「ダウンサイド・リスクをヘッジ」しておかないと、大胆になれない

さて、ダウンサイド・リスクとはいったい何だろうか。簡単に言うと「結果が悪いほうに出てしまったときに発生するリスク」ということ。世の中は自分ではコントロールできない不確定要素に満ち溢れている。自分では大丈夫だろうという確信があったとしても、何かの拍子で最悪の事態になってしまうことがある。そんなシナリオをきちんと想定しておくことが必要だということだ。

さて、仮にあなたが転職した場合、どのようなダウンサイド・リスクが発生する可能性があるのだろうか。まず考えられるのは、転職先の企業が倒産する、あるいは経営状態が悪化して、仕事自体がなくなってしまうリスクだ。絶対につぶれない

企業などありえないし、もしも今勤めている企業から、よりチャレンジできる仕事を求めてベンチャー系企業などに転職する場合、このリスクはより高くなるだろう。

また、たとえ転職先の企業が当面の間は安泰だとしても、肝心のあなたが思ったように仕事で実績が出せないリスクだって存在する。これまでの経験やスキルを投げ打ってまったく新しい仕事に挑戦する場合、そのリスクは非常に高くなるし、もしも自分の強みを生かして転職先を見つけたとしても、即戦力として期待された実績が出せない可能性だってあり得る。仕事はなんだかんだいっても、ある程度運が味方してくれないと成功しない。タイミングの悪い転職の例は世の中に溢れている。

そしてまた、転職してみたらその企業のカルチャーと合わなかったり、一緒に働く人との相性が合わなかったりして、とにかく毎日が苦痛の連続になってしまうリスクだってあるだろう。この場合、いくら企業が成長しており、あなた自身しっかりとした実績をあげることができたとしても、長期で働くには相当つらい。働く環境はやっぱり大事だからだ。

　このように転職にはさまざまなダウンサイド・リスクが伴う。ところが、よくよく考えてみると、このダウンサイド・リスクは今の会社にとどまったとしてもあなたの周りに溢れているのではないだろうか。これまで安泰と思っていた今の会社が、ふとしたキッカケで倒産寸前に追い込まれることは十分にあり得るシナリオだ。今の職場から新しい職場に異動になった途端に、実績が出せなくなって激しく評価を落としてしまう可能性だって否定できない。また、替わった上司と馬が合わずに、とにかく会社に行くこと自体が苦痛になってしまうことだって起こり得る話だ。

　つまり、同じ会社に勤め続けたとしてもさまざまなダウンサイド・リスクが発生する。転職しなければ安全という考え方は、まっさきに考え直さないといけないのかもしれない。

　ＭＢＡ留学中に、よくクラスメートと転職についてこんな例えを使って話をした。

「一生同じ会社に勤めるのは、20代前半で買った銘柄の株をそのまま30数年間持ち続けるようなもの。転職は、数年ごとに違う銘柄に買い換えるようなもの。どっちが得なんだろうね」

もちろん正解がどちらなのかについては読者の皆さんの判断に委ねるが……。

さて、いずれにせよダウンサイド・リスクが存在することは分かった。でも話はこれで終わりではなくて、やはりリスクは「ヘッジ」しておかないといけない。ヘッジとは、最悪の事態になったときでも被害を最小限にとどめるという考え方。もっと分かりやすく言えば、保険を掛けておくようなもの。転職に当てはめて考えてみると、いざというときに、何とか食っていける道を事前に準備しておくことが「ヘッジ」だ。

要するに、転職する場合も、今の会社に残る場合も、いつでもダウンサイド・リスクをヘッジしておく必要があるということだ。それができないと、「いざ鎌倉」というタイミングが訪れたときに、大胆に飛び立てない。そしてまた最悪の事態に直面したときに、果敢に対処できない。

「ダウンサイド・リスクのヘッジ」とは具体的にはどんなことか

では、ビジネスマン人生においてダウンサイド・リスクをヘッジするとは一体何をすることなのだろうか。別に難しいことではない。ヘッジの方法はいくらでもある。普段からちょっとした努力をすることで、ダウンサイド・リスクをヘッジすることはできるのだ。

まずは、専門性の高い資格を持っておくことでリスクをヘッジできる可能性を高められる。具体的には、ＣＰＡや中小企業診断士、証券アナリストのようなビジネスに直結する資格や、あるいはエンジニアとして「私はこんな資格を持っているので、このような仕事ができます」と自信をもって語れる資格を持っていると、いざというときに何とか仕事を見つけられるはずだ。

もちろん、「資格＝その人のビジネスマンとしての能力」という図式は必ずしも成り立たないが、何もないよりははるかに我々を助けてくれる。仕事をとおしてそのような資格を取得できるチャンスがあるのならば、ぜひとも挑戦すべきだし、仮にそうでなくても週末の1日を返上して勉強すれば、何かしらの資格を取るのはそれほど難しい話ではない。毎月保険料を支払うように、自分のヘッジのための投資をしようではないか。

また、仮に資格がないとしても、ビジネスマンとして高く売れる能力を持っておくことでもリスクはヘッジできる。例えば、仕事をとおして語学力を磨いたり、人並み外れた営業力を持ったりしておくことで、いざというときに職を得ることはできるはずだ。ただしこの場合、資格のようにパッと見て相手が分かる内容ではないだけに、履歴書や職務経歴書で、その能力があることをきちんと証明できる実績が必要だ。

例えばTOEICで900点持っていることや、自分の担当エリアで過去1年間に売上げを倍にした営業力があるといったことをアピールできると、転職先に与える印象は相当違うはず。普段から「この能力については、ほかのビジネスマンよりもはるかに優れている」と思えるような能力を身につける努力をすることが大切なのだ。

あるいは、ビジネスマンとして希少性の高い経験を積んでおくことでもリスクヘッジは可能だ。例えば、日本で数人しかできないような高度な数量分析ができるとか、次世代の通信技術について最先端の開発に携わったといった経験があれば、ニーズがある企業にとっては喉から手が出るくらい欲しい人材になれるのではないか。ただし、このような希少性の高い経験を積めるかどうかは今の仕事の内容に依存することが多く、誰しもが手に入れられるわけではない。もしもそのような機会に恵まれているのであれば、ぜひとも貪欲にその道を究めるぐらいの気概が欲しいものだ。

要するに、いざとなったときに、あなた自身が誰かに買ってもらえる商品になっておくことが大切だということ。そうすれば、最悪の事態に直面したときでも、何とか食っていける道は見つかるのだ。そしてまた、普段から自分の市場価値を知っておくことも大切。自分ではダウンサイド・リスクをヘッジしているつもりが、実は誰も買ってくれない商品になってしまっているとしたら、いざというときに路頭に迷うことになりかねない。定期的に暇を見つけて、人材紹介会社やヘッドハンターと話をすることをぜひお勧めしたい。

大リーグに挑戦する日本人選手たちは、大きなリスクを冒して夢を追いかけているように見える。しかし、よくよく考えてみると、彼らは緻密な計算の上に立ってダウンサイド・リスクをヘッジしている。いざとなれば、彼らは日本のプロ野球でやっていけるのだ。仮に大リーグで実績を残せなかったとしても、日本に帰ってくれば間違いなくレギュラーのポジションを手に入れられる。我々ビジネスマンだって彼らと同じようにありたい。

普段からちょっとした努力を積み重ねることによってダウンサイド・リスクをヘッジしよう。それができれば、いざというときに大胆な転職ができる。一回きりの人生。失敗を恐れることなく、思いっきり飛び立とうではないか！

あとがき

本書を書くにあたって使ったＭＢＡ的発想

あれこれと書きつづってしまったが、読者の方々も少しは楽しんで読んでいただけただろうか。結局この本で言いたかったことは「普段から頭を使って、上手に楽しく課長ライフを送りましょう」ということ。

具体的に紹介した22の手法のうち、読者の方にとって使えるものも、全然使えないものもあったのではないかと思うが、少しでも皆さんの仕事やプライベートで役立つのであれば、筆者として幸いだ。

ちなみに今回原稿を書くにあたって、本編で紹介した技のうち具体的にどれを使ったのかについて、簡単にネタばらしをしてしまおう。

●隙間時間の活用

私もビジネスマンの一人なので、執筆できる時間は平日の夜と休日に限られてしまう。とにかく細切れの時間をうまく使わないとなかなか原稿が進まない。また、「さー、これから書くぞ」と何のアイデアもない状態でコンピュータに向かっても、当然のことながらほんの数行しか進まないという悲しい状態に陥ってしまう。よって、通勤時間を使って、まずは次の項でいったい何を書くか、さっと考えてしまうように心掛けた。ラフなアイデアがあるだけで、筆の進みは全然違う。

ただし、アルコールが入ると完全に思考が停止してしまうので、「ビールでも飲みながらちょちょっと考えるか」と甘くかまえた日は、大抵何もしないで時間が過ぎてしまった。もう少し自制心があれば、もっと早く原稿を書き上げることができたのではないかと反省するかぎりだ。

●新しいアイデアの生産戦術

当たり前のことを書いたとしても、きっと読んでいて面白くないし、自腹を切って本を買ってくださった方に失礼。常にそう意識して書くようにしていた。具体的には、各項のどこか一箇所にでも新しい考え方を打ち出せるように心掛けて書いたつもりだ。

そのために、まずは関連資料をさっと斜め読みして要点をつかんだり、過去の経験を思い起こしたりしたうえで、そこから一歩踏み出すことで付加価値をつけられるように努力した。

もちろん、すべての項についてその意図が成功しているとは思えないが、「この考え方や表現は、目新しくて面白いな」と読者の方が思っていただける箇所があるとしたら、筆者としては嬉しい。それこそが、この本の付加価値なのだから。

●考えるときはとにかく手を動かす／何でも時間をかければよいわけじゃない

アイデアが浮かんだあとは、くず紙の端や、ポストイットなどにぐちゃぐちゃと書き込むようにしたし、ワープロソフトに思いついた順からバチバチと打ち込むようにした。ものすごい勢いで脳みそが回転するのは、ほんの数十分しか続かないし、とにかくその時間を無駄にしないように心掛けた。

最初は単なる単語の羅列でしかないものを、構造化して文章として意味がとおるようにするのは次の作業。これはそんなに頭がフル回転しなくても、じっくり作業できる部分だから。それと、いったん煮詰まるとやっぱり筆は進まない。そんなときは本をパラパラとめくったり、TVを見たりしながら脳みそに刺激を与えて、次の回転の波が来るのを待った。もちろん、これがうまく機能するときもあれば、気がつくと深夜番組をつけっぱなしで爆睡してしまっていることもあるのだが、煮詰まったままでつまらない原稿を書くよりはましだ。

●ポイントは3つ

だらだらと脈絡のない話が何ページも続くのは、時間のない課長さんたちにとっては苦痛そのものだろう。よって、各章はできるだけ3つのポイントに無理やりまとめるようにし、その項目だけ斜め読みすればいったい何が言いたいのか伝わるように工夫した。これまた言うは易しだが、結構大変な作業。

しかしながら、結果として自分の頭の中が整理されて、原稿が仕上がるころにはスカッとした気分になることができた。

●ロジカルに考える

こういった本を書くからには、述べる内容にロジックをとおすのは基本中の基本。そうでないと、単なる思いつきを並べただけになってしまう。よって、述べた内容にはいろいろな形で「なぜそう言えるのか」と「だからどうすべきだ」という2つの点をきちんと書くように努めた。もちろん、そればかりでは読んでいて面白くないので、スパっと言い切るだけの表現も織り交ぜてインパクトを出すように工夫したつもりだ。

いくつかの箇所について「なんかこれって納得できないな」と読者の方が感じたとしたら、それは筆者の力不足の証拠だと思う。やっぱりもっともっとロジックを鍛えないといけないのだろう。

文庫化にあたって

早いもので、処女作である本書を上梓してから5年以上の月日が流れた。当時はＭＢＡ本がちょっとしたブームになっていて、私の本も結構な部数まで売れたのを覚えている。表現が拙いことが幸いして、逆に内容がコンパクトにまとまったのが図らずも良かったのかも知れない。いずれにせよ、運が良かったということだ。

その後、出版元であったアミューズブックスが出版事業から撤退することになり、本書が絶版扱いになった。ところが、当時仲良くさせて頂いていた幻冬舎の君和田さんに「ＭＢＡ的課長術」として復刊してもらった。そのときに大幅に加筆・修正したのだが、今回文庫化にあたって使用したのは、あくまでオリジナルの原稿の方だ。それには理由がある。

オリジナル版の原稿には、30代前半の男の中でうごめく「このまま平凡なサラリーマンで終わりたくない」という意識が溢れ出している。あの頃の自分は、ＭＢＡを取得した後、ボストンコンサルティンググループに入社し、コンサルタントとして一人前になることを目指していた。だが現実は厳しい……。力不足でコンサル人生は2年ともたなかった。夢破れて金融機関に職を見つけていたころに、「まだ終わったわけじゃない、あきらめてたまるか！」という熱に憑かれながら書いた。この本が多くの人に受け入れられたのは、そんな中年に一歩踏み入れた男の渇きや悲哀がにじみ出ているのが一因なのかなとも思う。

この雰囲気をそのまま読者の方に伝えたい。そう考えたのが、オリジナル原稿を使うことにした理由だ。当時の私のように、必死でもがいている中堅ビジネスパーソンの方々は一杯いるはず。彼らに対して、考えるための武器を提供したい。本書で紹介している考える技は、ＭＢＡの手法ということで解説してはいるが、実際にはコンサルティング会社で問題解決のために使われている手法なのだから。もちろん、この意図がどこまで奏功しているかは読者の方の判断にお任せするしかないのだが……。

自分の本を読むのは不思議なもので、この本を書いている当時の自分は、今の自分とはまったくの別人のように思えてくる。確かに、この5年間でいろいろなことがあった。金融機関から、再度コンサルティング業界に復帰し、著作も増えた。プライベートでは、良い意味でも悪い意味でも影響力の大きかった実父を癌で亡くした。余命1カ月の末期癌を1年半以上も延命し、醜態を晒しながらも必死で生きようとした父の姿から教わったことは、自分の人生観をすっかり変えてしまったように思える。コンサルティング活動を休止して、小さな出版社の経営陣に参画することを決めたのも、父の死と無関係ではない。「人生はやりなおしができない。大胆に生きよ！」なのだ（とはいえ現実は大変なのだが……）。

最後に、本書の文庫化を提案してくださったパンローリング営業部の大蔵貴雄さん、編集部の西澤英美さんには本当にお世話になった。この場を借りてお礼を申し上げたい。そして何よりも、この本を最後まで読んでくれた読者の皆さま、本当にありがとうございます。今後も引き続き著者としての活動は継続していきますので、ご愛顧よろしくお願いします。

2008年2月

斎藤　広達

参考文献

『考える技術・書く技術』バーバラ・ミント／ダイヤモンド社
『ロジカル・シンキング「論理的な思考と構成のスキル」』照屋華子、岡田恵子／東洋経済新報社
『論理トレーニング』野矢茂樹／産業図書
『問題解決プロフェッショナル「思考と技術」』齋藤嘉則／ダイヤモンド社
『マッキンゼー式、世界最高の仕事術』イーサン・M・ラジエル／英治出版
『知的複眼思考法』刈谷剛彦／講談社
『「超」発想法』野口悠紀雄／講談社
『知識創造企業』野中郁次郎、竹内弘高／東洋経済新報社
『ブランド人になれ！』トム・ピータース／TBSブリタニカ
『MBA講義』八城政基／日経BP
『戦略マーケティング論』ボストンコンサルティンググループ／ダイヤモンド社
『企業財務入門』井出正介、高橋文朗／日本経済新聞社
『英文決算書入門』渋谷道夫、飯田信夫／日本経済新聞社
『金融工学の悪魔』吉本佳生／日本評論社
『ファンダメンタル　ミクロ経済学』荒井一博／中央経済社
『ケイパビリティー・マネジメント』ボストンコンサルティンググループ／プレジデント社
『分かる！図解ナレッジマネジメント』高橋智弘／ダイヤモンド社
『ハーマンモデル／個人と組織の価値創造開発』ネッド・ハーマン／東洋経済新報社
『ハーバードビジネスレビュー2001年3月号「コーチングのリーダーシップ論」』ダイヤモンド社
『ハーバードビジネスレビュー2001年5月号「戦略論の進化」』ダイヤモンド社
『ハーバードビジネスレビュー2001年7月号「見えざる資産のアドバンテージ」』ダイヤモンド社
『ハーバードビジネスレビュー2002年1月号「意思決定のプロフェッショナル」』ダイヤモンド社
『ハーバードビジネスレビュー2002年2月号「戦略マネージャー競争力の源泉」』ダイヤモンド社

【著者紹介】
斎藤広達（さいとう・こうたつ）

1968年東京生まれ。慶應義塾大学を卒業後、エッソ石油(現エクソンモービルマーケティングに入社し、主にマーケティング関連の業務に従事。シカゴ大学経営大学院修士（MBA）取得後、ボストン・コンサルティング・グループ、シティバンク、ローランドヘルガーを経て、現在はゴマ・ホールディングス 取締役社長。
著書に『図解 コンサルティング力養成講座』（パンローリング)、『ビジネス力養成講座』（飛鳥新社)、『MBA仕事術』（日経BP社)、『MBA的課長術』（幻冬舎)、『パクる技術』『失敗はなかったことにできる』（ゴマブックス)、『MBA的「無駄な仕事」をしない技術』（青春出版社）などがある。

2008年3月9日 初版第1刷発行

PanRolling Library⑪

MBA的発想人《てきはっそうじん》

著　者　斎藤広達
発行者　後藤康徳
発行所　パンローリング株式会社
〒160-0023　東京都新宿区西新宿7-9-18-6F
TEL 03-5386-7391　FAX 03-5386-7393
http://www.panrolling.com/
E-mail　info@panrolling.com
装　丁　パンローリング装丁室
印刷・製本　株式会社シナノ

ISBN 978-4-7759-3047-2

本書は、アミューズブックスより刊行された『ＭＢＡ的発想人』を、文庫収録にあたり加筆、再編集したものです。